Wasted Lives 쓰레기가 되는 삶들
modernity and its outcasts

지그문트 바우만
Zygmunt Bauman
정일준 옮김

Wasted Lives: Modernity and its Outcasts
copyright © Zygmunt Bauman, 2004
All rights reserved.

Korean translation edition © Saemulgyul Publishing House, 2008
Published by arrangement with Blackwell Publishing Ltd, Oxford, UK via Bestun Korea Agency, Korea.
All rights reserved.

옮긴이 정일준

서울대학교 사회학과 및 동대학원을 졸업했다. 하버드대학교 엔칭연구소 방문연구원, 워싱턴대학교 방문교수, 아주대학교 국제학부 대우교수를 역임했으며, 현재 고려대학교 문과대학 사회학과 조교수이다. 역사사회학, 사회사상, 문화사회학을 전공했다. 저서로는 『1960년대 한국의 근대화와 지식인』(공저), 『아메리카나이제이션: 해방 이후 한국에서의 미국화』(공저)가 있으며, 역서로는 『미셸 푸코의 권력이론』(편역), 『성찰적 근대화』(공역), 『자유를 향한 참을 수 없는 열망: 푸코-하버마스 논쟁 재론』(편역), 『적이 사라진 민주주의』(번역), 『자본가 없는 자본주의』(공역)가 있다.

쓰레기가 되는 삶들 ― 모더니티와 그 추방자들

지은이 | 지그문트 바우만

옮긴이 | 정일준
펴낸이 | 조형준
펴낸곳 | (주)새물결
1판 1쇄 | 2008년 8월 27일
등록 | 서울 제 15호-52호(1989. 11. 9)
주소 | 서울시 은평구 연서로 48길 12, 513동 502호
전화 | 02-3141-8696
이메일 | saemulgyul@gmail.com
ISBN 978-89-5559-396-9(94100)
ISBN 978-89-5559-229-0(세트)

이 책의 한국어 판권은 베스툰 코리아 에이전시를 통하여 저작권자와 독점 계약한 새물결 출판사에 있습니다. 저작권법에 의해 한국 내에서 보호를 받는 저작물이므로 무단 전재와 무단 복제를 금합니다.

What's up 총서를
발행하며

지금 우리에게는 우리의 '삶'에 대한 사유의 근본적인 전환이 절실하다. 그것은 소박한 앎에의 욕망도 그렇다고 앎에의 의지도 아니다. 오히려 그것은 우리의 생존 자체를 위해서 절박하게 요청되고 있는 바의 어떤 것이다. 현재 신자유주의로 통칭되는 자본(주의)은 물신 분석의 대상을 넘어 우리의 신체와 의식 자체가 되어버렸다. 그리고 '88만 원 세대'라는 말이 상징하고 있듯이 학교와 직장에서, 그리고 심지어 모든 일상에서 모든 이의 삶이 '돈'으로 환산되어 쓰레기로 양산되고 있는 것은 누구나 목도하고 있는 바이다. 그러나 대학과 정치라는 제도는 이러한 우울한 시대의 저항과 비판의 보루이기를 그친 지 이미 오래이다. 인문학은 점점 '실용'의 미명에 압착당하고 있으며, 대학은 사회를 보호하는 사유의 장소이기를 멈춘 채, 테크노크라트들의 양성소로 변해가고 있다. 따라서 이 미혹의 역逆계몽 시대에 우리에게 필요한 것은 위기론이나 탈주론이 아니라 용기와 도전, 그리고 이를 위한 새로운 방법론을 탐구하기 위한 몸부림이다.

모순이 세계화하는 시대, 우리의 저항선은 온갖 장소에서 그어질 수밖에 없다. 사유의 '식민성'이나 '(잃어버린) 주체의 재건'과 같은 테제, 그러니까 "나는 내가 생각하지 않는 곳에 존재하고 내가 존재하지 않는 곳에서 생각한다"는 데에서 오는 불안은 오랫동안 한국의 지성들을 괴롭혀왔다. 다른 이의 표현을 벗어 던져라, 그러면 해방되리라. 그런데 어떤가 하면, "우리에게는 스스로의 생각을 다른 이의 표현을 따라 이해하는 경우가 너무 많다"(폴 발레리). 유럽의 하나 됨을 다름 아닌 사유의 잡종성과 표현의 연대 속에서 찾아낸 이 비평가의 말은 지금 우리에게 의미심장하게 들린다. 중요한 것은 고유한 주체가 아니라, 이 시대의 삶과 관련해 사유 자체를 개시하는 일이 되어야 한다.

그러기 위해서 우리는 세상 모든 생각에 고유성이나 주체성은 없다는 급진적인 공공성을 사유의 과제로 제기하려 한다. 즉 이식을 극복한 어떤 주체도 아니고 민중이나 다중이나 마이너리티도 아닌, 이름 없는 공동성을 탐구하는 일이 필요한 것이다. 사유의 외재성이 아니라, 고유성에 대한 믿음 자체에 저항하며, 우리는 삶의 조건 자체로 뚫고 들어가는 사유를 개시한다.

1848년 마르크스는 "하나의 유령이 유럽에 떠돌고 있다"고 썼다. 이 유령이 더이상 유령이 아니라 살아 움직이게 될 것임을 선언케 했던 그러한 징후가 우리 시대에도 여전히 존재하는지에 대해서는 말하지 않겠다. 다만 확실한 것은, 이 유령을 잡기 위해 연대한 '성스러운 사냥꾼들'만은 그 어느 때보다 견고한 모습으로 존재하고 있다는 사실이다. 사회에 대해 물음으로써 사회를 보호하는 것이 아니라, 사회 자체에 공헌하라는 명령 속에서, '사회'와 '공공성'에 대한 물음은 점점 더 설 자리를 잃어가고 있다. 너무 늦기 전에 움직이기 위해서 우리는 빨리 움직일 것이며, 무거운 지식과 속도의 지식을 한꺼번에 끌어오고 또 써나갈 것이다. 이름 없는 공동성을 탐구하기 위해, 사유의 적들에 틀림없는 '이름'을 부여할 것이다.

이러한 탐구를 위해 우리는 "What's up?"이라고 묻는다. 미국 흑인 노예 제도의 극악한 폭력성을 비극적으로 증언하는 이 "별 일 없었지?"라는 안부 인사는 고스란히 우리 시대의 아침 인사가 되고 말았다. 실업이 예외에서 일상이 되고, 오늘의 정규가 내일의 비정규로 떨어지고, 자본이 예술로 전도되는 이 시대. 그러니까 예외 상태가 보통 상태가 되어버린 이 시대, 우리 시대의 자본이 새롭게 발휘하는 마술 같은 공포의 변증법을 통해 우리 모두는 전혀 새로운 제도적·정신적 예속 상태로 노예화되고 있는 것이다. 게다가 그것은 감시와 처벌이 아니라 법의 준수와 제도의 안정이라는 이름으로 진행 중이다. 하지만 "What's up?"이라는 말은 단지 이러한 공포에 대한 승인만을 의미하지는 않는다. 어쩌면 그것은 폭력의 자행에 대한 묵종이 아니라 새로운 연대와 저항선을 그려나가기 위한 맹목적인 질문일 수조차 있다. "What's up?"이라는 이 자그마한 연대와 우정의 인사가 그러한 폭력적 제도의 정당성을 근본적인 질문에 부치는 작은 함성이라고 믿는다.

우리는 다른 이들을 통해, 그리고 그들과 함께 바로 지금 여기서 일어나는 일을 만날 것이다. 물음과 응답, 그것이 우리가 하고자 하는 모든 일이다.

— 김항, 박진우, 한보희, 황호덕

| 차례 |

What's up 총서를 발행하며 **5**
| 감사의 말 | **11**
| 서문 | **13**

01 태초에 설계가 있었다
질서 구축 과정이 만들어낸 쓰레기 **27**

02 '그들'이 너무 많은가?
경제 발전이 만들어낸 쓰레기 **71**

03 각각의 쓰레기는 각각의 처리장으로
지구화가 만들어낸 쓰레기 **119**

04 쓰레기 문화 **171**

주 **245**
옮긴이 후기 **254**

일러두기

1. 이 책은 지그문트 바우만의 *Wasted Lives: Modernity and its Outcasts*를 우리말로 옮긴 것이다.
2. 옮긴이 주는 괄호 안에 '옮긴이'를 넣어 표시했고, 옮긴이의 첨언은 [ ] 안에 넣어 처리했다.
3. 원서에서 이탤릭체로 강조한 부분은 본 번역서에서 굵은 글씨체로 강조했다.
4. 본문에 등장하는 '보유' 부분은 독자에게 혼동을 주지 않기 위해 다른 글씨체를 사용했다.
5. 서적, 신문, 잡지는 『 』로, 논문, 보고서, 시, 단편소설은 「 」로, 미술 작품, TV 프로그램은 < >로 표시했다.

감사의 말

 이전에도 여러 번 그랬듯이 존 톰슨과 앤 본에게 감사의 말을 전한다. 존 톰슨은 뛰어난 통찰력으로 적확한 비판과 함께 이루 말할 수 없이 귀중한 조언을 해주었다. 또한 앤 본은 애정 어린 보살핌과 끈질긴 인내심으로 오류를 교정하고 부주의와 태만함의 흔적들을 말끔히 지워주었다.

서론

 현대(성)^{modernity}에 대해서라면 여러 가지 방식으로 (아니, 이 문제에 관해서라면 어떤 이야기도 마찬가지겠지만) 이야기할 수 있을 것이다. 이 책은 그러한 이야기 중의 하나이다.

 칼비노^{Italo Calvino}의 『보이지 않는 도시들^{Le città invisibli}』에서 열거되고 있는 아글라우라^{Aglaura}는 괴상하지만 섬뜩하리만치 낯익은 도시 중의 하나이다. 이 도시에 대해 (이 소설의 주인공 — 옮긴이) 마르코 폴로는 '이 도시에 사는 주민들이 오래전부터 되풀이해왔던 것 말고는(「도시와 이름 1」, 86쪽)' [1] 달리 어떤 말을 해야 할지 모른다. 설사 지금 직접 목격하고 있다고 생각하는 것이 그들의 이야기와 맞지 않는다고 해도 마찬가지이다.

 그게 무엇인지 말하고 싶으시겠지만 지금까지 아글라우라에 대해 이야기되었던 모든 말들은 폐하의 언어를 가두고 어떤 말을 새롭게 하기보다는 같은 말만 되풀이하도록 할 겁니다(87쪽).

그리하여 도시의 성벽이 돌로 쌓이는 것과 똑같은 방식으로 끊임없이 반복되는 이야기들로 지어진 도시의 성벽 안에 안전하게 몸을 숨긴 채 아글라우라 사람들은

> 오직 아글라우라라는 이름으로만 성장하는 아글라우라에 살고 있다고 생각하며 땅 위에서 성장하는 아글라우라에 신경을 쓰지 않습니다(87쪽).

도대체 그들이 어떻게 이와 달리 행동할 수 있단 말인가? 결국

> 사람들이 말하는 도시는 존재에 필요한 많은 요소들을 갖고 있지만, 실제 도시의 자리에 존재하는 도시는 존재감이 그다지 없습니다(87쪽).

이 소설에 나오는 또다른 도시 레오니아Leonia의 주민들은, 누가 묻는다면 '새롭고 다양한 물건들을 즐기는 것(「지속하는 도시들 I」, 149쪽)'에 열정을 쏟는다고 말할 것이다. 실제로 매일 아침마다 이들은 '새 가운을 입고 최신형 냉장고에서 아직 뚜껑을 따지 않은 캔을 꺼내며 최신 모델의 라디오에서 흘러나오는 최근 소식(148쪽)'을 듣는다. 그러나 매일 아침

마다 '어제의 쓰레기들이 깨끗한 비닐봉지에 싸여 쓰레기차를 기다리고 있으며(148쪽)' 마르코 폴로 같은 이방인이 점점 더 높아지고 겹겹이 쌓여가는 레오니아의 쓰레기 벽들 틈을 엿보게 된다면 이들이 진짜 열광하는 일은 오히려 '되풀이되는 불순함을 쫓아버려 자신에게서 멀어지게 하고 스스로를 정화하는 것'이 아닌가 자문하게 될 것이다. 그렇지 않다면 왜 거리의 청소부들이 '천사처럼 환영'을 받겠는가. 비록 이들에게 '말 없는 존경'을 보내고 말지만 말이다. 아마 그렇게 하는 것을 충분히 이해할 수 있을지도 모른다. '그저 아무도 한번 버린 물건은 다시 생각하고 싶어하지 않기 때문'이다. 이처럼 새로운 물건을 만드는 레오니아의 기술이 발전할수록 '파괴되지 않는 쓰레기 요새가 산맥처럼 사방에서 도시를 압도하게(149쪽)' 된다.

레오니아인들은 과연 그러한 산들을 볼 수 있을까? 가끔은 볼 수 있을지도 모른다. 특히 말쑥한 새집으로 갑자기 한바탕 바람이 몰아쳐 이제 막 출하되어 온통 번쩍번쩍거리고 냄새도 끝내주는 신제품 가게의 향기가 아니라 쓰레기 더미를 상기시키는 악취가 온 집안을 떠돌게 될 때는 말이다. 그럴 때는 눈길을 다른 데로 돌리기가 어려울 것이다. 걱정스럽게, 두렵고 떨리는 마음으로 산들을 바라보게 될 것이다 — 그러고는 앞에 보이는 것들 때문에 공포에 사로잡힐 것이다. 앞에 보이는 산들이 추한 것에 혐오를 느낄 것이며, 그것들이 도시의 풍경을 해친다며 증오할 것이다 — 더럽고 고약한 냄새가

나고 불쾌하고 온통 역겹다는 이유로 말이다. 또 거기에는 누가 봐도 뻔한 위험들과 함께 과거에는 생각지도 못했던 위험이 도사리고 있다는 이유로 말이다. 또 볼 수는 있지만 짐작은 할 수 없는 재앙이 쌓여가고 있다는 이유로 말이다. 그들은 앞에 보이는 것을 좋아할 수도, 계속 지켜볼 수도 없다. 새로운 브랜드의 옷과 최신식 장난감들을 열정적으로 사랑하면 할수록 어제의 백일몽의 잔해들을 증오하게 될 것이다. 앞에서 말한 산들이 보이지 않는 곳으로 사라지기를, 즉 폭파되고 부서지고 산산조각나고 해체되기를 바랄 것이다. 거리의 청소부들은 너무 게으르고 관리자들은 너무 관대하고 책임자들은 자기 만족에 빠져 있다고 불평을 늘어놓을 것이다.

레오니아인들은 잔해물 자체보다는 그것을 없애버릴 수 없다는 생각에 한층 더 끔찍해할 것이다. 사라져주기를 간절히 바라는 산들이 저절로 변성變性되거나 분해되거나 썩지 않으며, 용해제에도 내성이 있거나 끄떡없다는 소식에 경악할 것이다. 그들은 애초에 (레오니아인, 바로 그들이!) **만들지** 않았더라면 저 불결한 쓰레기 더미는 **생기지 않았을 것**이라는 단순한 진리를 절망의 구렁 속에서도 받아들이려 하지 않는다. 레오니아인들은 다음과 같은 사실을 받아들이려 하지 않는다(이것이 마르코 폴로의 메시지이지만 레오니아인들은 들으려 하지 않는다).

도시는 매일 새로워지면서 단 하나의 결정적인 형태로 스스로를 완전히 보존해나갑니다. 바로 그저께의, 그리고 매달, 매년, 십 년 전의 쓰레기들 위에 쌓이는 어제의 쓰레기 더미 형태로 말입니다 (149쪽).

레오니아인들이 그의 메시지를 들으려 하지 않는 이유는 그것이 다음과 같은 내용을 전달(만약 그들이 듣고자 한다면)하려 하기 때문이다. 레오니아인들은 자신들이 사랑하고 열망한다고 주장하는 것을 보존하는 것이 아니라 오직 쓰레기 더미를 영원히 존속시키고 있을 뿐이다. 오로지 쓸모없고 불쾌하고 혐오스럽고 유독하고 끔찍한 것만이 시간이 흘러도 살아남을 만큼 강력하다.

아글라우라인들의 전례를 따라 레오니아인들도 땅 위에서 성장하는 또다른 레오니아는 더없이 행복하게도 까맣게 모른 채 오직 '이름으로만 성장하는(87쪽)' 레오니아에서 하루하루를 살아가고 있다고 할 수도 있을 것이다. 적어도 레오니아인들은 또다른 레오니아를 보지 않으려고 필사적으로 애쓰면서 눈을 돌리거나 감는다. 아글라우라의 경우와 똑같이 층층이 벽으로 둘러싸여 있는 레오니아는 '존재에 필요한 많은 요소들을 갖고' 있다. 가장 중요한 것은 레오니아에는 새로움에 대한 열정의 이야기가 있다는 것인데, 그것을 매일 되풀이함으로써 그들이 말하는 열정은 영원히 재생되고 재충전된다. 그리하여 또한 그들은 그러한 열정에 관한 이야기를 계속해서 들려주고, 듣고, 열심히 귀 기울이고, 단단히 믿게 된다.

'레오니아인들의 주요 산물은 결국 무엇인가'라고 묻기 위해서는 마르코 폴로 같은 이방인이 필요하다. 그 산물은 처녀처럼 아무도 손대지 않아 매혹적이고, 신선하고 유혹하는 듯 신비로우며, 마치 마법을 부리는 듯한 신제품인가 아니면 영원히 불어나기만 하는 쓰레기 더미인가? 예컨대 유행에 대한 그들의 열광을 어떻게 설명할 것인가? 그러한 유행은 결국 무엇에 관한 것인가? 홀딱 빠지기에는 뭐한 것을 보다 아름다운 것으로 바꾸는 것인가 아니면 처음에는 아름다움과 매력을 고스란히 드러냈던 물건들을 쓰레기 더미 위에 버릴 때 느끼는 즐거움인가? 물건들은 추하기 때문에 버려지는 것인가 아니면 쓰레기장으로 향하기 때문에 추한 것인가?

실로 까다로운 질문들이다. 대답 또한 그에 못지않게 까다로울 것이다. 아마 지금까지 말하고 되풀이하고 듣고 받아들이고 빨아들인 이야기의 기억들로 세운 성벽들 사이에서 메아리치는 이야기에 따라 대답들은 달라질 것이다.

이러한 질문들을 레오니아인에게 한다면 쓸모없거나 쓸모없게 된 것들을 대체하기 위해 점점 더 새로운 것들, 점점 더 더 새로운 것들이 생산되어야만 한다고 대답할 것이다. 그러나 여행자이자 회의적인 이방인, 초연한 제3자, 실패한 전입자인 마르코 폴로에게 묻는다면 이렇게 대답할 것이다. 즉 레오니아에서는 이전 것보다 더 나은 다른 새로운 욕망의 대상들이 손짓하기 때문에 물건들이 무용한 것으로 선언되고 즉시 버려지며, 이전 것들은 그처럼 더 새로운 것들에 자리를 내주기 위해 버려지기 마련이라고 말이다. 그는 레오니아에서 어제는 새로웠던 것을 고물로 만들어, 쓰레기 더미로 바꾸는 것은 바로 오늘의 새로운 것이라고 대답할 것이다. 두 가지 대답이 다 옳은 것처럼 들린다. 둘 다 레오니아인들의 삶의 이야기를 그대로 전해주는 듯하다. 따라서 결국 하나의 이야기가 단조롭게 반복되고 있는지 아니면 그와 반대로 생각들이 이야기들로부터 자유로운 공간 속에서 자유롭게 떠돌고 있는지에 따라 답은 달라질 것이다.

이반 클리마 Ivan Klima는 디트로이트에 있는 포드사의 사저에서 사장과 식사 중에 겪은 일을 이렇게 기억하고 있다. 손님인 클리마는 완성되어 조립 라인을 떠나는 포드사의 멋진 신형 차들이 얼마나 많이 늘어나고 있는지를 자랑스러워하는 사장에게 '수명을 다한 저 많은 차들을 모두 세상에서 어떻게 없애느냐'고 물었다.

> 사장은 문제없다고 대답했다. 어떤 제품이든 흔적도 없이 사라질 수 있으며, 그건 단지 기술적인 문제일 뿐이라고 했다. 그러고는 텅 비고 깨끗이 청소된 세상을 떠올리며 미소를 지었다.

식사 후에 클리마는 '기술적인 문제'가 어떻게 해결되는지를 보러 갔다. 중고차들, 즉 완전히 써버려 더이상 아무도 타려고 하지 않는 차들은 거대한 압착기에 눌려 말쑥한 금속 상자들이 되었다.

그러나 그러한 금속 상자들은 세상에서 사라지지 않았다 …… 아마 그렇게 압착된 금속들은 새로운 차를 만드는 데 쓰일 철과 새 강철을 만들기 위해 녹여질 것이다. 이처럼 쓰레기가 새로운 쓰레기로 변형되며, 단지 쓰레기 양만 조금 늘어날 뿐이다.

사장의 이야기를 들은 다음 실제로 벌어지고 있는 일을 본 클리마는 생각에 잠긴다.

아냐, 이건 단순히 기술적인 문제가 아니야. 왜냐하면 죽은 것들의 영이 땅과 물 위로 솟아오르고, 그것들의 숨결은 악이 출현할 징조이기 때문이지.[2]

이 책은 왜 그것이 '단순히 기술적인 문제가 아닌지'를 밝히는 데 할애되어 있다. 그것이 기술적인 문제 이상의 무엇인지, 또 왜 애초에 그것이 문제가 되는지를 해명해보려고 하는 것이다.

지구는 만원이다.
분명히 말해두지만, 자연지리나 나아가 인문지리적으로 그렇다는 이야기가 아니다. 물리적 공간과 인간 주거지의 분포라는 관점에서 볼 때 지구는 결코 만원이라고 할 수 없다. 그와 반대로 주거가 불가능하고 인간의 삶을 지탱해줄 수 없는 것처럼 보이는 인구가 희박하거나 감소 중인 지역의 총면적은 줄어드는 대신 더욱 늘어나는 것처럼 보인다. **기술적** 진보는 한편으로는 인간이 정착하기에 부적당하던 거주지에 새로운 생존수단(물론 비용은 점점 더 증가하고 있다)을 제공해주지만 다른 한편으로는 지금까지 주거와 식량을 제공해온 많은 거주지들의 능력을 침해하고 있다. 한편 **경제적** 진보는 한때 삶을 영위하는 효과적인 방식이었던 것을 쓸모없고 비현실적인 것으로 만들며, 그리하여 경작되지 않고 버려지는 불모지의 크기를 넓히고 있다.

'지구는 만원이다'라는 말은 **사회학적이고 정치학적인** 발언이다. 이 말은 지구의 상태가 아니라 이 지구 위에서 사람들이 살아가는 방식과 수단을 가리킨다. 그것은 '주인 없는 땅', 즉 국가 주권이 미치지 않을 뿐만 아니라 비거주 지역으로 규정되고 취급되어 마땅한 지역, 그리하여 식민화와 이주(의 극성스러운 요구)에 열려 있는 지역이 사라져가고 있음을 알려주는 징표라고 할 수 있다. 지금은 대부분 사라진 그러한 지역들은 현대사가 진행되는 동안 거의 내내 '현대화' 과정의 영향으로 우리 지구의 각 지역에서 계속 눈덩이처럼 불어난 인간 쓰레기를 버리기 위한 쓰레기 하치장이라는 중요한 역할을 담당해왔다.

'인간 쓰레기', 좀더 정확히 말하면 쓰레기가 된 인간들

('잉여의', '여분의' 인간들, 즉 공인받거나 머물도록 허락받지 못했거나 다른 사람들이 그것을 바라지 않는 인간 집단)의 생산은 현대화가 낳은 불가피한 산물이며 현대(성)에 불가피하게 수반되는 것이다. 또 **질서 구축**(각각의 질서는 현존 주민들 중의 일부를 '어울리지 않는다', '적합하지 않다' 또는 '바람직하지 않다'는 이유로 내쫓는다)과 **경제적 진보**(이것은 이전에는 효과적인 '생계 유지' 방식이었던 것을 격하하고 평가절하하지 않고는 결코 이루어질 수 없으며, 그로 인해 과거의 생계 유지 방식을 유지하는 사람들의 생활수단을 박탈하지 않을 수 없다)가 초래하는 피할 수 없는 부작용이다.

하지만 현대사가 진행되는 기간 거의 내내 지구의 광대한 지역들(이미 현대화된, 즉 현대화에 신들린 지역의 야심을 기준으로 했을 때 '후진적인' '저발전' 지역들)은 전체적으로 또는 부분적으로 현대화의 압력을 받지 않았으며, 따라서 현대화에 따른 '과잉 인구' 효과를 피해갈 수 있었다. 이러한 ('전근대적', '저발전') 지역들은 현대화를 위해 치닫던 지구의 다른 지역들과 부딪히게 되자 '선진국'의 잉여 인구를 흡수할 수 있는 지역으로 간주되고 그렇게 취급되었다. '남아도는 인간들'을 수출할 수 있는 당연한 목적지이자 현대화가 낳은 인간 쓰레기를 버리는 데 쓰일 게 뻔한, 이미 다 만들어져 있는 쓰레기 처리장으로 말이다. 이미 '현대화된' 지역과 아직도 '현대화 중인' 지역에서 생긴 인간 쓰레기를 처분하는 것이 식민화와 제국주의적 정복의 가장 밑바닥에 놓인 목적이었다 ― 이 식민화와 제국주의적 정복은 현격한 불균등 '발전'(완곡히 말하자면 '문화 지체')에 의해 지속적으로 재생산된 권력의 격차 때문에 가능해지고 또 불가피하게 되었다. 그리고 현대적인 생활 방식을 '특권화된' 지역에서만 누리게 됨에 따라 인간 쓰레기가 생산된 것이었다. 바로 이러한 불균등 때문에 우리 지구에서 현대화된 지역은 **지역에서** 발생한 '과잉 인구' 문제에 대한 해결책을 **지구 전역에서** 찾으려 했고 또 발견할 수 있었던 것이다.

이런 상황은 현대(성)(즉 영구적이며, 강제적이며, 강박적이며 중독적인 **현대화**)가 하나의 특권으로 남아 있는 한 지속될 수 있을 것이다. 일단 ― 의도한 대로 그리고 필연적으로 ― 현대(성)가 인류의 보편적 조건이 되면 현대(성)의 전지구적 지배의 효과가 본모습을 드러내게 된다. 현대화의 승리의 잰걸음이 지구의 가장 외진 곳까지 이르고, 인간의 생산과 소비가 사실상 전부 화폐와 시장에 의해 매개되며, 인간의 생존 수단의 상품화와 상업화와 화폐화 과정이 지구촌 구석구석까지 스며들게 되면서 지역적으로 발생한 문제에 대한 전지구적인 해결책이나 지역적인 잉여물에 대한 전지구적 배출구는 더이상 존재할 수 없게 되었다. 그와 정반대로 각 지역(특히 고도로 현대화된 지역들을 포함한 모든 지역)은 현대화가 전지구적으로 성공한 데 따른 결과를 감수해야 한다. 그리고 **전지구적 차원**에서 발생한 문제에 대한 **지역적** 차원의 해결책을 찾아야 할 (헛수고일 것처럼 보이기는 하지만) 필요에 직면하고 있다.

간단히 말해 새로 지구가 만원 상태에 이르게 된 것은 본질적으로 **인간 쓰레기 처리 산업이 심각한 위기**를 맞이했다는 것을 의미한다. 인간 쓰레기가 줄어들지 않고 계속 점점 더 많이 생산됨에 따라 지구의 쓰레기 처리장과 재활용 수단이 급속하게 부족해지고 있다.

그렇지 않아도 골치 아픈 상황을 한층 더 복잡하고 위협적으로 만들려는 듯이 '쓰레기가 된〔폐기된〕인간'을 발생시키는 본래의 두 가지 원천에 더해 또다른 강력한 원천이 새롭게 등장했다. 바로 지구화가 인간 쓰레기 또는 쓰레기가 된 인간의 세번째 원천으로, 현재 가장 많은 생산량을 보이면서도 가장 통제되지 않는 '생산 라인'이 되었다. 또한 지구화는 과거의 문제들에 새로운 어려움을 더하고, 완전히 새로운 심각성과 전례 없는 긴급성을 부여했다.

현대적 생활 방식이 세계적으로 확산됨에 따라 생물학적인 측면과 사회적·문화적 측면에서 이제까지는 적당하게 소유해왔던 생존 수단과 방법을 빼앗긴 인간들의 수가 대량으로 꾸준히 증가하기 시작했다. 그로 인해 발생하는 인구 압력(저 익숙한 과거의 식민화 압력과는 정반대 방향으로 작용하고 있다)에 대해서는 '재활용'이든 아니면 안전한 '쓰레기 투기'든 당장 써먹을 수 있는 배출구가 더이상 남아 있지 않다. 그로 인해 지구의 과잉 인구에 대한 경종이 울리고, '이주자'와 '망명자' 문제가 오늘날 정치 의제의 중심에 놓이게 되며,

이제 막 등장하고 있는 세계 전략과 권력 투쟁의 논리 속에서 모호한 '안보〔안전〕공포증'이 만연함에 따라 점점 더 큰 자리를 차지하고 있다.

본질상 자연력과 같은 힘을 갖고 있고 제한되지 않으며 정치적으로 통제되지 않는 속성을 갖고 있는 지구화 과정은 전 지구적인 '흐름공간' 속에 새로운 종류의 일종의 '변경 지역'과 같은 조건을 확립해놓았다. 그리고 한때 현대의 주권 국가가 가졌던 권력의 상당 부분이 이 지역으로 이전되었다. 변경 지역의 환경이 취약하고 매우 불안정한 평형 상태에 놓여 있는 것은 저 악명 높은 '상호 보장된 취약성' 때문이다. 이에 따라 안보 상황이 취약해진다는 경고가 쏟아져나오게 되는데, 그것은 그렇지 않아도 사방에 만연해 있는 '안보〔안전〕불안'을 가중시키며, 동시에 공적인 관심사와 개인적 불안감의 해소 방향을 그러한 문제들의 경제적·사회적 뿌리를 찾는 데서 개인의 (신체상의) 안전에 대한 관심 쪽으로 돌려버리고 만다. 역으로 번창 일로를 걷고 있는 '안전 산업'은 급속하게 쓰레기 생산의 주요 부문 중의 하나이자 쓰레기 처리 문제의 가장 중요한 요소로 자리 잡게 된다.

이것이 — 극히 포괄적으로 이야기하는 것이지만 — 현대적 삶의 배경을 이루고 있다. '(인간) 쓰레기 및 (인간) 쓰레기 처리 문제'는 유동적^{liquid} 현대의, 개인주의적 소비문화에 점점 더 큰 부담으로 작용하고 있다. 이러한 문제들이 사회생활의 가장 중요한 분야 전반에 침투해 삶의 전략을 지배하고 가장 중요한 생활 활동들을 다양한 색깔들로 물들이며, 이를 통해 각자 고유한 쓰레기(사산된, 부적합하고, 쓸모없고, 유지될 수 없는 인간관계. 곧 폐기처분될 것이라는 표시가 찍힌 채 태어나는 인간관계)를 만들어내도록 부추기고 있다.

이러한 문제들, 그리고 그로부터 파생된 몇 가지 문제들이 이 책의 주제이다. 여기서는 이러한 문제들에 대한 예비적인 분석을 시도해보았다. 나의 주된, 아마도 유일한 관심사는 이전에는 감추어져 있었지만 최근의 변화에 의해 드디어 밝혀지고 주목받게 된 현대적 삶의 측면들을 설명할 수 있는 대안적 관점을 제시하는 것이다. 그리고 그럼으로써 현 세계의 몇몇 양상들을 보다 명확하게 파악하고 그것들을 지배하고 있는 논리를 보다 잘 이해할 수 있도록 하는 것이다. 이 책은 우리 모두가 공유하고 있으며 그 속에서 함께 거주하고 있기 때문에 너무나도 친숙하다고 생각하고 있는 현대 세계를 다소 다른 또 하나의 관점으로 바라볼 수 있도록 하기 위한 초대장이다.

1

|

태초에 설계가 있었다
질서 구축 과정이 만들어낸 쓰레기

물론 우리 다섯이 서로 모를 때도 있었지…….
아직도 서로를 모르지만, 다섯일 때는 가능하고 허용될 수 있는 일도
여섯이 될 때는 불가능하고 허용될 수 없지.
어떤 경우에라도 우린 다섯이고 여섯이 되길 원치 않아…….
장황하게 설명해야 한다는 것은 우리 동아리에 그를 받아들이는 것과 마찬가지이므로,
우린 설명하지 않고 받아들이지도 않는 쪽을 택하려고 해…….
프란츠 카프카Franz Kafka, 「우정Fellowship」[1]

조셉 론트리 재단Joseph Rowntree Foundation의 최근 보고서를 보기로 하자.

수십만 명의 청년이 계속 높아져만 가고 있는 교육과 부의 수준으로부터 배제됨에 따라 우울증으로 고통받는 청년의 수가 지난 12년 동안 2배가 되었다 …… 1958년생들이 1981년 정신 건강에 관한 설문지에 응답한 바에 따르면 7%만이 비임상적 우울증 경향을 보였다. 1970년생 집단을 1996년에 면접 조사했을 때는 14%로 나타났다. 분석에 따르면 이런 상승세는 최근의 젊은 세대가 성장하

면서 과거보다 더 많은 실업을 경험하는 것과 관련이 있다. 학위를 가진 젊은이들은 우울증에 빠지지 않을 것 같은 집단 중 3번째에 해당되었다.[2]

우울증은 가장 불쾌하고 비참하고 사람을 무능력하게 만드는 정신질환 가운데 하나이긴 하지만 앞의 보고서와 다른 많은 보고서가 보여주고 있듯이 유동적인 '멋진 신新 현대 세계'(올더스 헉슬리의 『멋진 신세계』에 대한 풍자적 비유 — 옮긴이)에 태어난 신세대가 겪는 질병의 유일한 증후徵候는 아니다 — 반면 이들 직전 세대는, 적어도 신세대만큼 우울증에 시달리지는 않은 것처럼 보인다. '더 많은 실업을 경험하는 것'은 분명 트라우마적이고 고통스럽겠지만 우울증의 유일한 원인처럼 보이지는 않는다.

영국이나 다른 '선진국'에서 1970년대에 태어난 이른바 'X세대'라 불리는 젊은 남녀들은 이전 세대들은 알지 못한 질병들을 경험했다. 물론 그렇다고 해서 질병의 종류가 늘었거나 사람들이 과거보다 더 괴롭고 고통스러운 급성 질병을 앓는 것은 아니다. 확연히 다른 새로운 질병들이 출현한 것이다 — '유동적 현대에 특유한' 질병과 고통이라고 할 수도 있을 것이다. 게다가 X세대가 당혹감과 함께 혼란스럽고 심지어 고통스럽다는 느낌을 갖게 만드는 새로운 이유들(일부는 전통적인 이유를 대체하고, 일부는 전통적인 이유에 추가되고 있다)이 있다 — 그럼에도 분석가와 전문 치료사들은 우리 모두가 공유하고 있는 자연스러운 경향에 따라 사무적으로 본인들 기억에 가장 좋았던 진단을 내리고 과거에 교육받던 시절에 가장 널리 적용되던 치료법을 사용하고 있지만 말이다.

가장 흔하게 내려지는 진단 중의 하나는 실업으로, 이는 특히 학교를 떠나 신규 일자리 창출과 새로운 자산의 확충 대신 인건비 삭감과 자산 감축을 통해 이윤을 창출하려는 시장에 이제 막 발을 들여놓는 사람들이 직업을 가질 전망이 형편없어진 상황과 관련되어 있다. 이에 대해 가장 흔히 고려되는 치료법 중의 하나는 청년 고용이 (보조금이 지급되는 한) 사업에 도움이 될 수 있도록 해주는 국가 보조금 지급이다. 이와 함께 젊은이들에게는 직업을 '평생 계획'의 도입부나 자존심과 자기 규정 문제 또는 장기적인 안정의 보증으로 여기기보다는 융통성을 갖고, 특별히 까다롭게 굴지 말며, 직업으로부터 너무 많은 것을 기대하지 말고, 자리가 나면 너무 많은 것을 묻지 말고 그대로 받아들이며, 일하는 동안만큼은 그것을 즐길 수 있는 기회로 삼으라는 충고가 주어진다.

따라서 다행히도 '실업'에 대한 일괄 해결책에는 문제의 진단과 현재 가능한 최고의 치료법, 그리고 회복을 위해서는 반드시 지켜야 할 간단명료한 일련의 〔기계적〕 절차들이 완비되어 있는 셈이다. 접두사 'un'은 정상에서 벗어난 상태를 의미하기 때문에 실업을 뜻하는 '*un*employment'는 명백히 일시적이고 **비정상적인** 상태를 나타내는 용어이며, 분명히 이러한 병의 성질은 일시적이며 치료 가능한 것이다. '실업'이라는 개념은 구성원들의 역할을 처음부터 끝까지 생산자로 간주하는 사회, 또한 완전고용이 바람직하고 달성 가능한 사회적 조건일 뿐만 아니라 궁극적 목적인 사회, 따라서 사회적으로 용인되는 개인적 정체성과 안정된 사회적 지위 그리고 개인과 집단의 생존, 사회 질서와 체계적 재생산 문제를 동시에 해결할 수 있는 열쇠 ― **유일한** 열쇠 ― 가 고용에 있다고 간주하는 사회의 자기 인식에 의미론적 기원을 두고 있다.

크라카우어Siegfried Kracauer가 적절히 표현한 대로 인간 세계는 **당위들**Sollen로 가득 차있다 ― 그것들은 '본인들이 현실이 되려고 하는' 것과 같은 종류의 생각들로, 사람들은 '자기를 실현하려는 선천적 욕구를 갖고' 있다. 이러한 생각들은 일단 '사회 세계에 영향을 미치기 시작' 하면 '사회학적 의미를 획득' 하게 된다.[3] 이처럼 사회적 영향력을 확보하기 위한 투쟁이 치열하게 벌어지지만 성공의 정도는 각기 다르다. 현대사가 이전에 펼쳐진 인간 역사와 다른 점은 바로 이 '당위들'을 드러내 명백히 하고, '당위를 추구하는 삶을 영위' 할 것을 결의하도록 한 데 있다. 다시 크라카우어의 말을 빌리면, 현대(성)는 '이중적 존재'를 영위해왔다. 즉 '이곳의 모든 것이 의미를 찾고 귀결될 저곳을 향해' 나아가도록 했다는 것이

다.[4]

 이러한 '당위들'이 부족한 적은 결코 없었다. 현대사는 '좋은 사회good society'라는 모델을 다량으로 생산해내는 공장이었다. 현대사를 온통 뒤덮은 투쟁들 중 이데올로기적으로 가장 격렬하게 전개된 투쟁들은 당위라는 전선에서 치열하게 경쟁하는 '당위들' 사이에서 벌어졌다. 하지만 다양한 이들 '당위들'이 모두 동의하는 것이 하나 있었는데, 모든 사람에게 일자리와 생산적 역할이 주어지는지가 '좋은 사회'의 판별 기준이 된다는 것이 그것이었다. 그리하여 속성상 모든 현재는 이러한 '당위'에 훨씬 못 미친다고 비판할 수밖에 없는 현대사는 많은 질곡을 헤치고 전진했지만 결정적인 투쟁은 일자리 부족에 맞선 싸움, 그리고 생산적 역할의 공급 부족 또는 그러한 역할을 담당하려는 의지의 공급 부족에 맞선 싸움일 수밖에 없었다.

 X세대의 생애 동안에 벌써 인구에 널리 회자되고 있는 '잉여'라는 생각은 이와 얼마나 다른가! '실업unemployment'의 접두사 'un' — '건강하지 못한unhealthy' 또는 '불쾌한unwell'에서의 'un'처럼 — 은 정상에서 벗어난 상태를 암시하고 있는 반면 '잉여'라는 개념에는 그러한 의미가 전혀 들어 있지 않다. 어떤 비정상적인 상태, 이상한 것, 잠깐 건강하지 않게 된 것이나 일시적인 하락 등의 의미와는 완전히 무관한 것이다. '잉여'는 그러한 상태가 영원할 것이라고 속삭이며 그러한 상태가 일상적이라는 것을 암시하고 있다. 이 개념이 가리키

는 조건은 기존의 개념으로는 어떠한 반의어도 찾을 수 없는 어떤 것이다. 잉여란 현재 정상적인 것으로 등장한 어떤 새로운 형태를, 이제 막 밀어닥쳐서 앞으로 계속 그러한 상태로 남아 있게 될 사태들의 형태를 가리키고 있다.

'잉여'란 여분, 불필요함, 무용함을 의미한다 — 유용성과 필수불가결함의 기준을 설정하는 필요와 유용성이 무엇이든 말이다. 다른 사람들은 당신을 필요로 하지 않으며, 당신 없이도 잘 할 수 있고, 당신이 없으면 더 잘 할 수 있다. 당신이 거기 있어야 할 어떤 자명한 이유도 없고, 당신이 거기 있어야 한다고 주장할만한 어떤 뚜렷한 정당성도 없다. 잉여로 규정된다는 것은 **버려져도 무방하기 때문에** 버려졌다는 것을 의미한다 — 마치 환불해주지 않는 빈 플라스틱 병이나 일회용 주사기, 그다지 매력적이지 않아 아무도 사지 않는 상품, 조립 라인에서 품질 검사관이 버리는 바람에 한 번도 사용된 적 없는 기준 미달 제품이나 불량품처럼 말이다. '잉여'는 '불합격품', '불량품', '폐기물', '찌꺼기' — 와 그리고 **쓰레기** — 와 의미론상의 공간을 공유하고 있다. '**실업자**', '노동 예비군'의 목적지는 다시 노동 현장으로 돌아가는 것이었다. 그러나 쓰레기의 목적지는 쓰레기장, 쓰레기 더미이다.

'잉여'라고 선언된 사람들은 실제로는 흔히 돈 문제의 일환으로 취급되곤 한다. '부양해야', 즉 먹이고 신발을 사 신기고 거처를 마련해주어야 한다는 것이다. 그들은 혼자 힘만으로는 살아갈 수 없다 — '생존수단'(여기서 생존이란 대부분 생물학적인 생존, 즉 영양결핍이나 유기遺棄로 인한 죽음의 반대말을 의미한다)이 없기 때문이라는 것이다. 이러한 잉여에 대한 해답은 이 문제에 대한 규정과 마찬가지로 돈과 관련되어 있다. 즉 국가가 제공하거나, 국가의 입법으로 뒷받침되거나, 국가가 보증하거나 장려하는 생계 보조 공여(다양한, 그러나 항상 그럴싸한 이름을 붙인 복지 급여, 세금 공제, 실업 구제금, 보조금, 수당)가 해답이다. 이런 해법에 동조하지 않는 사람들도 마찬가지로 돈과 관련된 용어('우리에게 그러한 경제적 여유가 있을까?')를 동원해 그에 대해 이의를 제기하곤 한다 — 이 모든 조치가 납세자들에게 '재정적 부담'이 된다는 것이다.

그러나 '잉여'라고 선언된 사람들의 생존을 — 아마도 영구히 — 지원할 필요성(적나라하게 말해, 영원히 회복 불가능한 잉여 인구가 그것의 생산에 전혀 기여하지 않았을 뿐만 아니라 생산에 참여하도록 요청받지도 않은 부의 일부를 차지할 권리를 인정할 필요성)은 실업자들이 본인들과 타인들에게 제기하는 문제의 일부에 지나지 않는다. 이보다 훨씬 더 확대될 가능성이 있는 이 문제의 또다른 측면 — 제대로 인식되어 다루어지지는 않고 있지만 — 이 있는데, 우리가 사는 세계 중 통상 '사회'라는 관념으로 파악되고 있는 부분에는 '인간 쓰레기'(더 정확히 말하면 폐기된 인간)를 위해 남겨둔 자리가 따로 없다는 것이다. **생물학적** 생존과 관련된 위협을 효과적으로 다루어 제대로 대처한다 하더라도 그처럼 결코 간단하지 않은 성과 역시 **사회적** 생존을 보장하기에는 턱없이 모자란다. '잉여 인간들'이 자신을 버린 사회에 다시 받아들여지는 것으로는 충분하지 않을 것이다 — 마치 산업 쓰레기를 냉동 컨테이너에 저장한다고 해서 그것을 시장에 상품으로 내놓을 수는 없는 것과 마찬가지로 말이다.

잉여가 자존심과 인생의 목표의 상실을 수반하는 '사회적 홈리스 상태'를 알리는 신호일지도 모른다는 느낌 또는 아직은 아닐지 몰라도 언젠가는 그것이 운명이 될지도 모른다는 불안감은 X세대가 이전 세대와 공유하고 있지 않은 — 이전 세대가 겪은 비참함이 아무리 드세고 고통스러웠을지라도 — 삶의 경험의 일부이다. 실제로 X세대가 우울증에 빠질 만한 이유는 차고 넘친다. 환영받지 못하고, 기껏해야 참아줄 만한 대상으로 취급되고, 사회적 선행과 관용의 수령자 위치에서 한치도 벗어날 수 없고, 잘해야 자비, 자선, 동정(상처에다 소금을 문지르는 격으로 이것을 받을 자격조차 없다고 비난받기도 한다)의 대상으로 취급될 뿐 형제애적 원조의 대상이 되지는 못하고, 게으르다고 비난받고, 흉측한 의도와 범죄적 성향이 있다고 의심받고 있으니 X세대가 '사회'를 충성과 관심을 기울여야 할 안식처로 대할 이유는 별로 없는 셈이다. 『일의 상실, 자아의 상실*Perte d'emploi, perte de soi*』[5]의 공저자인 린하르트*Danièle Linhart*의 주장대로

이들 남녀들은 직업, 계획, 지향점, 자기 삶을 틀어쥐고 있다는 자

신감을 잃었을 뿐만 아니라 노동자로서의 존엄, 자존심, 자기가 쓸
모있는 사람이며 자신만의 사회적 위치를 갖고 있다는 느낌을 박
탈당했다.[6]

그러니 갑자기 자격을 잃은 피고용인들이 노동 세계의 규칙
이 노골적으로 무시당하고 있는 상황에서 정치적·민주주의
적 게임의 규칙을 존중할 이유가 어디에 있단 말인가?

생산자 사회(생산 라인으로부터 잠시 '떠나 있는 사람들'을
포함해)에서는 아무리 실업자들이 불쌍하고 비참하다고 하
더라도 사회에서의 그들의 자리는 의심할 바 없이 확고했었
다. 필요할 때 언제든 투입될 수 있는 강력한 예비군의 필요
성을 생산 전선에 있는 어느 누가 부인하겠는가? **소비자 사
회**에서 미완의 소비자는 이러한 확신을 가질 수 없다. 이들이
확신할 수 있는 단 한 가지는 도시에서 벌어지고 있는 유일한
게임에서 탈락하면 더이상 선수로 뛸 수 없으며, 따라서 더이
상 필요하지도 않게 된다는 것이다. 한때는 잠재적 생산자라
는 것만으로도 생산자 집단에 들어갈 수 있는 조건을 충족시
키기에 충분했다. 하지만 부지런한 소비자가 되겠다는 약속
과 소비자 지위를 차지하고 있다는 주장만으로는 소비자 집
단에 들어가기에 충분치 않다. 소비자 사회에는 흠이 있고,
불완전하고, 미완인 소비자들을 위한 자리는 없다. 버틀러
Samuel Butler의 『에레혼*Erewhon*』[7])에서는 '각종 불운 또는 심지어
타인에게 부당하게 대우받는 것' 조차 '그러한 이야기를 들

는 사람들을 불편하게 한다는 이유로 반사회적 범죄로 간주'되었다. '따라서 재산의 손실'은 '신체적 비행에 버금갈 정도로 심하게 처벌받았다.'[8] 흠이 있는 소비자들은 언제 범죄자로 선언될지 모른다.

X세대는 또한 바로 직전 세대보다 훨씬 더 극심하게 양극화되었는데, 이들을 나누는 분리선은 점점 더 사회적 위계의 위쪽으로 움직여왔다. 당혹스러울 정도로 쉽게 변하는 사회적 위치, 어두운 전망, 지속적으로 또는 적어도 좀더 오래 자리 잡을 만한 확실한 기회도 없이 근근이 꾸려가는 생활, 살아남기 위해 배우고 익혀야 하는 모호한 규칙들 — 이러한 것들이 모든 X세대를 무차별로 괴롭히면서 불안감을 조장하고 이 세대의 모든 또는 거의 모든 성원의 자기 확신과 자존심을 박탈하고 있다. 그러나 이 모든 질병을 치료하기 위한 진입 장벽 — 과거만 해도 지금보다는 낮았다 — 은 점점 더 높아져 대다수가 넘어설 수 없는 것이 되었다. 이제 품위 있는 안정된 삶을 누릴 수 있는 불확실한 기회나마 잡기 위해서는 최소한 고등 교육 학위가 필요하다(그렇다고 해서 그러한 학위가 순조로운 인생 여정을 보장한다는 의미는 아니다. 단지 학위가 소수의 특권으로 남아 있기 때문에 그렇게 보일 뿐이다). 세상은 또 한 번 도약을 했고, 그러한 속도를 견디지 못한 승객들은 점점 속도를 높여가는 차량에서 점점 더 많이 떨어져 나가고 있는 것처럼 보인다 — 한편 아직 탑승하지 못한 사람들 중 재빨리 달려가서 따라잡아 올라타는 데 실패하는 사

람들도 점점 더 늘어나고 있다.

X세대의 걱정 — 잉여로 취급되지 않을까 하는 걱정 — 은 이전 세대들이 경험하고 기록한 걱정과는 다르다. X세대 역시 이들 세대에 고유한 고통과 괴로움을 겪고 있다. 하지만 그들이 전례 없는 일을 겪고 있는 것은 아니다.

현대가 시작된 이래 각 세대는 자기 세대의 난파선들을 사회적 진공 속에 버려두었다. 이 난파선들은 진보에 '수반된 희생자'라는 이름을 달고 있었다. 다른 사람들이 점점 더 속도를 내고 있는 차에 뛰어 올라타는 데 성공해 승차감을 만끽하는 동안 이들보다 덜 영리하고, 덜 기민하고, 약삭빠르지 못하고, 힘이 없거나 덜 모험적인 다른 많은 사람들은 뒤처지거나 만원이 된 차량에 들어가지 못하게 저지당했으며, 그나마 차바퀴에 깔려 완전히 박살나지 않으면 다행이었다. 진보라는 차의 좌석과 입석 수는 통상 차에 타려는 승객을 모두 수용하기에 충분하지 않았으며, 따라서 승차는 언제나 선별적이었다. 아마 이것 때문에 많은 사람들에게 차에 올라타는 것이 달콤한 꿈이 되었던 것 같다. 진보는 '**더 많은** 사람에게 더 많은 행복을'이라는 구호 아래 선전되었다. 그러나 차를 계속 달리게 하는 데, 속력을 높이는 데, 한때는 협상하고 침략하고 정복하는 데 지금보다 훨씬 더 많은 사람들이 필요했던 높이까지 오르는 데 이제는 **더 적은**(갈수록 더 적은) 사람만이 필요하다. 그리고 이것이 아마도 현대의 트레이드마크인 진보가 마침내 드러낸 본모습인 것 같다.

이런 측면에서 보면 X세대가 우울증에 걸릴 만한 이유를 가진 첫번째 세대는 아니다. 그러나 이들의 곤경이 특유한 것은 우선 이 세대의 대단히 많은 구성원이 바깥으로 추락하여 뒤에 버려졌다는 사실, 또는 그렇게 느끼고 있다는 사실 때문이다. 이 세대에 널리 퍼져 있는 혼동, 당혹감, 혼란스러움 또한 독특하다. 모든 유사성에도 불구하고 우리의 동시대 사람들은 직관적으로 현재의 문제가 과거 세대들(그들도 그들 나름의 극심한 곤경을 겪었겠지만)의 문제와는 다르다고 느끼고 있다. 아마도 가장 중요한 차이점은, 오늘날에는 과거로부터 물려받은 특허 의약품들이 더이상 듣지 않는다는 걸 느낀다는 점일 것이다. 우리가 아무리 노련하게 위기를 관리하려 하더라도 실제로는 이 문제에 어떻게 대처해야 할지 모르고 있다. 심지어 이 문제에 합리적으로 대처하기 위해 필요한 사고의 도구조차 갖고 있지 않을 수도 있다.

우리의 아버지와 할아버지 세대의 사회 또한 사회로의 진입과 거주 허용 문제에 적용할 조건을 정해놓았다. 하지만 그들의 조건은 용어에 관한 어떠한 오류도 없이 명료하게 적시되었으며, 그러한 조건을 충족하려면 어떻게 해야 하는지에 대해서도 마찬가지로 명료하고 완전하게 지시 사항이 적시되었다. 그러한 사회에서는 각 입구의 바로 건너편에 직업 이력의 트랙이 놓여있었다. 그러한 트랙들은 대부분 매우 좁아

팔꿈치를 뻗을 공간조차 부족했고 모험의 기회는 훨씬 더 적었으며, 안전과 확실성이 문제가 되지 않는 사람들에겐 위협적이고 참을 수 없을 만큼 억압적으로 보였을지도 모른다(프로이트Sigmund Freud는 그들의 고통을 분석함으로써 문명이 초래하는 불만과 정신질환에 관한 일반 이론을 구축하는 유명한 업적을 남겼다). 그러나 안전한 항해를 보장하는 믿을만한 배를 필요로 하는 사람들에게 그들이 가야할 길은 수수께끼도 고통스러운 선택도 아니었다. 항해하는 일이 설명할 수 없는 무수한 위험으로 둘러싸인 것도 아니었다. 노를 젓는 사람들에게 남겨진 일이라곤 배의 규칙을 '문자 그대로' 따르고 부지런히 그리고 성실하게 노를 젓는 것밖에 없었다.

오늘날 문제는 완전히 달라졌다. 오늘날의 문제는 **수단에 묶여 있기보다는 목표와 관련되어 있다**. 한때 강력한 힘을 발휘하던 때 수많은 사람들의 비판과 분노의 표적이었던 과거의 관습들은 이미 사멸했다 — 그리고 그와 함께 안도감을 불어넣어주던 저 신뢰감도 무덤으로 데려갔다. 이제 분명하게 규정된 목표를 달성하기 위한 수단을 발견해, 그러한 수단을 단단히 틀어쥐고 최대한 노련하게 효과적으로 활용하는 것이 문제가 아니게 된 것이다. 이제는 목표의 모호성(그리고 종종 기만성)이 문제이다 — 목표는 우리의 손이 닿기도 전에 희미해지고 사라져버리며, 고정되어 있지도 신뢰할 만하지도 않고, 통상 헌신적으로 매진할만한 가치도 없는 것처럼 보인다. 정해진 트랙으로 진입하게 해주는 규칙과 그러한 트랙을 돌 수 있게 해주는 허가도 더이상 신뢰할 수 없다. 비록 완전히 사라지지는 않았을지 모르지만 그러한 규칙들은 사전 통지도 없이 뒷전으로 물러나고 다른 것으로 교체되곤 한다. 무엇보다 중요한 사실은, 일단 배제되어 쓰레기 딱지가 붙은 사람이 완전한 자격을 갖춘 사회 구성원으로 되돌아갈 수 있는 길이 딱히 보이지 않는다는 점이다. 그들에게는 대안으로 택할 수 있는 길 — 대안적인 집단에 속하기 위해 따라갈 수 있는(또는 따라가야만 하는) 길 — 이 그려진 공인된 지도도 없다.

핵심적으로 중요한 점은, 이 모든 일이 문전에서 일어나고 있는 동안 집안에 있는 도구와 자원만으로 이러한 재난을 피할 수 있다고 자신 있게 말할 수 없다는 것이다. 더이상 일시적 하락의 문제, 경기 과열과 또다른 경기 상승 사이의 경기 후퇴 문제가 아니다. 세금, 보조금, 수당, 인센티브 따위로 살짝 땜질해 '소비자 주도의 경기 회복'을 다시 한번 불러오면 사라져 '과거의 역사'가 되어버릴 일시적인 자극에 불과한 것이 아니다. 문제의 뿌리들은 우리 손이 닿을 수 없는 곳으로 멀리 옮겨간 것처럼 보인다. 그리고 그러한 뿌리들 중 가장 조밀하고 빽빽하게 얽힌 뿌리 더미는 국립 지리원의 지도 어디에서도 발견할 수 없다.

보유補遺 | 이야기하기에 관하여

이야기란 무대의 다른 부분은 어둡게 남겨놓은 채 어떤 부분만 밝게 한다는 의미에서 탐조등이나 각광脚光과 비슷하다. 무대 전체를 고르게 비추는 조명은 사실 쓸모가 없다. 결국 조명의 과제는 관객의 시각적·지적 소비에 적합하도록 무대를 '교정'하는 것, 인지할 수도 이해할 수도 없는 점점이 얼룩진 혼돈 상태로부터 몰입하고 파악하고 기억할 수 있는 그림을 창조하는 것이다.

이야기는 관계있는 것을 관계없는 것으로부터, 연기를 무대 장치로부터, 줄거리를 배경으로부터, 줄거리의 중심에 있는 주인공이나 악당을 단역과 대역 무리로부터 분리함으로써 사람들의 이해에 도움을 준다. 선택하는 것이 이야기의 사명이며, 배제를 통해 포함시키고 그림자를 던짐으로써 비추는 것이 이야기의 속성이다. 무대의 한 부분을 다른 부분보다 선호한다고 해서 이야기를 탓하는 것은 심각한 오해이며 부당한 일이다. 선택 없이는 이야기도 없다. '이러저러한 것을 건너뛰지만 않았더라도 멋진 이야기가 되었을 것'이라고 말하는 것은 '창벽 한가운데 창을 낼 자리를 만들어 양쪽에 창틀을 마련하지 않았다면 벽 너머를 볼 수 있는 훌륭한 창이 되었을 것'이라고 말하는 것과 마찬가지다.

이레네오 푸네스Ireneo Funes에 대한 보르헤스Jorge Luis Borges의 이야기는 마치 현대(성)의 기만적인 희망에 대한 임박한 부정을 예견하는 것만 같다. 어릴 때 말에서 떨어진 푸네스는 절름발이가 되었고, '그러니까 플라톤적인 생각(즉 추상화하는 사고, 자기가 본 것의 특정한 측면에 초점을 맞추고 나머지를 무시하는 것)을 할 수 없게(187쪽)' 되었다.[9] 대신 당신이나 나라면 그저 '한 번 쳐다보고서 탁자 위에 놓여 있는 세 개의 유리컵을 지각(183쪽)'하고 말 테지만 그는 예의 포도주를 담그는 데 사용된 '포도나무에 달려 있는 모든 잎사귀들과 가지들과 포도알들의 수(183쪽)'를 지각할 수 있었다(또는 지각해야 했다). 푸네스는 한 번도 실수하거나 머뭇거리지 않고 '두어 차례 하루 전체를 되돌이켜 보는(184쪽)' 일을 해낸 적이 있다. 그러나 '그러한 복원 작업만으로도 하루 전체가 소요되었다'(184쪽). 그러한 일은 끝도 없을 뿐만 아니라 그러한 과제를 완수한다는 생각 전체가 무의미하다는 것을 깨달은 푸네스는 이렇게 불평했다. '나의 기억력은 마치 쓰레기 하치장과도 같지요'(184쪽). 무지가 초래하는 저주와 축복을 탐색하고 난 쿤데라^{Milan Kundera}는 이렇게 맞장구친다.

> 누군가가 그의 기억 속에 자신이 체험한 모든 것을 담을 수 있다면, 언제라도 과거의 모든 편린을 환기할 수 있다면, 그는 인간이 아닐 것이다. 그의 사랑, 그의 우정, 그의 분노, 용서하거나 복수할 수 있는 능력도, 그 어떤 것도 우리들과 닮지 않을 것이다.[10]

그리고 쿤데라는 '특정한 현실은 이미 더이상 그것이 발생한 시점의 현실이 아니며, 재구성될 수 없다'는 사실을 단 한

순간이라도 부정한다면 인간의 삶에 대해 아무것도 이해할 수 없으리라고 경고한다.

보르헤스는 수수께끼의 중세 작가 수아레스 미란다^{Suárez} $_{Miranda}$ 뒤에 숨어 어느 왕국에 관해 이야기하는데, 이 왕국에서

> 지도술^{地圖術}은 너무도 완벽한 수준에 이르러 한 도^{道}의 지도는 한 시^{市} 전체를 덮고 있었고, 한 왕국의 지도는 한 도 전체를 덮고 있었다. 시간이 지나면서 그 거대한 지도들조차 만족감을 주지 못했고, 지도 학교들은 왕국과 똑같은 크기에 완전히 왕국과 일치하는 왕국 지도 하나를 만들었다(67쪽).[11]

유감스럽게도 후자의 지도는 잠재 고객들에 의해 쓸모없는 것으로 판명되었다 — 그리하여 그것은 '태양과 겨울의 자비에 내맡겨'졌고, 오직 '동물들과 거지들이 득실거리고 있는 지도의 폐허들(67쪽)'만 남았다.

안다는 것은 **선택**한다는 것이다. 지식의 공장에서 **생산품**은 **쓰레기**와 구분되며, 이렇게 구분하는 주체는 잠재 고객들의 관점과 요구와 욕망이다. 지식의 공장은 쓰레기 처리장 없이는 완전하지 않다. 지식의 빛이 빛나는 것은 그것을 둘러싼 어둠 덕분이다. 지식은 무지 없이 존재할 수 없으며, 기억은 망각 없이 존재할 수 없다. 지식을 얻기 위해서는 관심이 결여되어 있는 여백 부분을 표시해놓아야 하며, 지식의 정밀성, 정확성, 실용성은 이러한 여백의 크기에 비례해 커진다. 온갖

실용적 의도와 목적에도 불구하고 배제된 것 — 초점에서 벗어나고 어둠 속에 버려지고 희미하거나 보이지 않는 배경 속으로 밀려난 것 — 은 더이상 '거기 있지' 않게 된다. 생활세계^{Lebenswelt} 속에서 존재와 자신만의 공간을 부여받지 못하게 되는 것이다. 그리하여 그것들은 파괴되어버리고 만다 — 하지만 그것은 **창조적 파괴**였다. 더글러스$^{Mary\ Douglas}$의 유명한 구절에 따르면 '제거는 부정적 활동이 아니라 환경을 조직하는 긍정적인 노력이다.' [12]

먼저 전망^{vision}이 있어야 한다. 전망이란 믿을 수 없이 복잡하고 인식할 수 없도록 무한한 세계를 견디고 인지하고 관리하고 살 수 있을 정도의 크기로 축소한 이미지를 말한다. 더글러스에 따르면

> 지각한다는 것은 우리의 오감이 마주치는 온갖 자극들로부터 선택하는 것을 말한다 — 우리는 무정형의 혼란스러운 인상들로부터 사물들이 인지 가능한 형상을 갖춘 안정된 세상을 구성해낸다." [13]

다음으로 '실제로 존재하는' 세계(너무나 생생하고 완강하고 무겁고 지독할 정도로 고통스럽게 우리 주위와 내부에 존재하는, 어지럽고 불완전한 세계)를 전망의 수준으로 끌어올리려는 노력을 기울여야 한다. 이 세계를 앞의 전망과 마찬가지로 명백

하고 순수하고 알기 쉽게 만들어야 하는 것이다. 이 세계를 주조하고 반죽하고 압착하고 늘일 수 있는 상태 — 행동의 대상으로서 딱 맞는 — 로 만드는 것이 바로 전망이다. 크라카우어는 이에 대해 이렇게 말하고 있다.

> 현실의 무거움, 투박함, 불가해성은 특정한 아이디어를 갖고 접근하는 사람들에게 한층 더 명료하고 뚜렷하게 드러난다.[14]

세계가 '무섭도록 명료하게 드러나고', 행동하라는 목소리에 귀를 기울이게 되는 것은 바로 전망 덕분이다.

메리 더글러스는 이렇게 말하고 있다.

> 우리는 청소하고 도배하고 장식하고 정돈하는 동안 병에 걸리지 않아야 한다는 조바심에 지배되는 것이 아니다.
>
> 반대로 우리는 우리 환경을 일정한 생각에 부합하도록 만드는 가운데 적극적으로 그것의 질서를 재정리한다 — 요컨대 우리의 오염 행위는 우리의 소중한 분류법에 혼동이나 모순을 초래할 수 있는 대상이나 관념을 규탄하는 반작용인 것이다.[15]

또는 칼비노의 마르코 폴로 투로 말하자면 이런 대상이나 관념은 '사람들이 말하는', '존재에 필요한 많은 요소들을 가지고 있는(87쪽)' 도시, **우리**가 존재하기 위해 필요한 요소, 그리고 그러한 도시에 관해 이야기하는 방식의 명료성을 해치고 **우리**를 불안하게 만든다.

있는 그대로 드러난 세계, 이야기의 각광도 받지 못하고, 디자이너의 가봉도 받기 전의 세계는 질서가 있지도 혼란스럽지도 않으며 또 깨끗하지도 더럽지도 않다. 질서의 전망**과 더불어** 무질서를, 깨끗함의 기획과 더불어 더러움을 한데 불러모으는 것은 인간이 그리는 설계도다. 먼저 생각이 세계의 이미지를 다듬어야 바로 뒤이어 세계 자체가 다듬어질 수 있다. 일단 이미지를 다듬으면 세계를 다듬는 것(다듬으려는 욕망, 다듬으려는 노력 — 그렇다고 해서 다듬기가 꼭 성공적인 것은 아니지만)은 당연히 이어지는 귀결이다. 인간의 이해라는 척도에 맞추어 다시 만들어지는 한 세계는 관리 가능한 동시에 관리를 필요로 한다. '자연을 지배하려면 자연에 복종해야 한다'는 베이컨Francis Bacon의 명령은 겸손함의 발로가 아니었으며 순종에의 권고는 더더욱 아니었다. 그것은 저항의 선언이었다.

자연은 싫든 좋든, 알든 모르든 태초 이래로 복종시켜야 할 대상이었다. 인간이 만들지 않았고, 그리하여 인간의 손길이 전혀 닿지 않는 곳에 있고, 인간의 힘을 벗어나 있는 존재라는 것이 결국 '자연'이라는 관념이 정확하게 의미하는 바였다. 베이컨의 반론은 다음과 같은 사고에 기초를 두고 있다. 즉 이렇게 이해된 자연은 지금까지 유감스러울 정도로 게으르고 통탄할 정도로 결의가 부족했던 탓으로 그러했던 것처럼 그냥 내버려둘 필요도, 내버려두어서도 안 되며 복종해야 할 자연의 법칙들만 배우면 자연을 **지배할 수 있다**는 것이다. 3세기 후 마르크스Karl Marx는 철학자들이 베이컨의 가르침을 끝까지 따르는 데 실패했다고 질타하게 된다. 즉 복종에서 지배에 이르는 철로를 따라 여행하던 철학자들은 중간에서 멈추고는 '설명'이라는 역에서 내려버렸다는 것이다. 그러나 마르크스에 따르면 아무리 보잘것없고 서투른 건축가라 하더라도 그토록 완벽한 벌집을 짓는 벌보다 낫다. 건축가는 건설 공사에 착수하기 전에 이미 머릿속에 완공된 건물의 이미지를 담고 있기 때문이다.

설계는 물론 어떤 **새로운** 것을 창조하기 위해, 이미 세상에 현존하는 어떤 것을 바꾸기 위해 필요하다. 그리고 푸딩의 가치가 먹는 데 있는 것과 마찬가지로 지식의 가치는 세상을 변화시키는 데 있다.

그러나 새로운 것을 창조하는 데는 근본적으로 다른 두 가지 방법이 있다. 멈포드Lewis Mumford는 농업 대 광업의 비유를 들어 그러한 차이를 설명하고 있다. 그에 따르면 농업은 '인간이 땅으로부터 빼앗은 것을 사려 깊게 돌려준다'. 이와 반대로 채광 과정은 '파괴적이며 …… 일단 캐낸 것은 되돌릴 수 없다'. 따라서 광업은 '인간의 (오늘은 여기 있으나 내일은 사라지고, 한순간 신나게 얻은 것이 다음 순간 고갈되어 없어지는) 불연속성의 이미지를 나타내는' 것이다.[16] 창조(아니면 '창조적인 파괴'라고 해야 할까?)의 현대적인 방식 중에서 가장 흔히 이용되는 유형은 광업의 양식을 본뜬, 광업을 닮은 유형이라고 할 수 있다.

농업은 연속성을 대변한다. 하나의 낟알은 더 많은 낟알로 되돌아오며, 한 마리의 양은 여러 마리의 양을 낳는다. **변한 듯해도 변한 것은 없다**Plus ça change - plus c'est la même chose. 존재의 재확인과 재긍정으로서의 성장 …… 상실 없는 성장 …… 도중에 아무것도 잃지 않는다. 죽음은 재생으로 이어진다. 농촌 사회가 존재의 영원한 연속성을 당연시하는 것은 자연스러운 일이다. 그들이 목격하고 실천하는 것은 끊임없이 이어지는 종말들로, 그것들은 시작의 부단한 반복, 아니 영원한 부활과 구별되지 않았다. 기술이 궁극적인 승리를 쟁취한 시점에 테크네라는 방식과 수단을 숙고한 하이데거Martin Heidegger가 시사했듯이 그들은 죽음을 향해 사는 것이 아니라 무한한 재생을 향해 산다. 영원한 재생의 형태로든 아니면 또는 사멸하는 이승의 육신을 벗은 정신 — 실체는 없지만 불멸하는 영혼 — 의 형태로든 말이다.

반면에 광업은 단절과 불연속의 전형이다. 새로운 것은 어떤 것이 버려지거나 폐기되거나 파괴되지 않는 한 태어날 수 없다. 새로운 것은 목표 제품과 그것의 출현에 방해되는 다른 모든 것을 빈틈없고 무자비하게 분리하는 과정에서 생긴다.

가치의 고하를 떠나 순수한 금속은 광석에서 불순물과 찌꺼기를 제거하고서야 얻을 수 있다. 우리는 우선 광석을 함유하고 있는 땅에 접근하지 못하도록 막고 있는 숲을 베어버리거나 불태우고, 광맥에 접근하지 못하게 막고 있는 땅을 한층 한층 파내야만 광석에 접근할 수 있다. 광업은 죽음이 자궁 속에 새로운 탄생을 잉태하고 있다는 사실을 부인한다. 대신 광업은 새로운 것의 탄생이 옛것의 죽음을 요구한다는 가정 아래 진행된다. 그리하여 각각의 새로운 창조물은 조만간 뒤로 밀려나 썩거나 분해되어 더 새로운 창조물의 길을 열어주었던 것들과 운명을 공유하게 된다. 광업이 통과하는 각 지점은 되돌아갈 수 없는 지점이다. 광업은 뒤로 돌아갈 수도 취소할 수도 없는 일방통행로를 따라 움직인다. 광업의 역사는 다 캐내어져 버려진 광맥과 갱도들의 무덤의 역사이다. **쓰레기 없는 광업은 생각할 수 없다.**

미켈란젤로는 조각품들이 어떻게 그렇게 아름다운 조화를 이루도록 만들었느냐는 물음에 이렇게 대답했다고 한다.

간단합니다. 먼저 대리석판 한 개를 골라 불필요한 부분을 모두 깎아내면 됩니다.

르네상스의 전성기에 미켈란젤로는 현대의 창조를 이끌게 될 계율을 선포한 셈이다. **쓰레기의 분리와 파괴는 현대적 창조의 비법이 되었다.** 여분의, 불필요한, 쓸모없는 것을 잘라내 버림으로써 아름답고 조화로우며 만족스럽고 좋은 것들이 나타나게 된다는 것이다.

형태 없는 원석 덩어리 안에 감추어져 있는 완벽한 형상에 대한 전망이 그것의 탄생 행위에 선행한다. 쓰레기는 그러한 형상을 숨기고 있는 포장이다. 그러한 형상을 드러내 우리 눈 앞에 나타나게 하고 진정한 조화와 아름다움 속에서 완성된 형태를 감상하려면 먼저 형상을 둘러싸고 있는 것을 풀어야 한다. 어떤 것이 창조되려면 다른 어떤 것이 쓰레기가 되어야 한다. 포장 — 창조 행위의 쓰레기 — 은 바닥에 쌓여 조각가의 움직임을 방해하지 않도록 벗기고 찢어서 버려야 한다. 쓰레기 더미 없는 예술 작업장은 없다.

그러나 이것이 쓰레기를 창조 과정의 필수불가결한 요소로 만든다. 또한 이것이 쓰레기에 경외감을 자아내게 하는, 실로 마법적인 힘 — 연금술사의 '현자의 돌'에 필적하는 힘, 저급하고 값싸고 하찮은 물질을 고상하고 아름답고 값진 물건으로 바꾸는 불가사의한 힘 — 을 부여한다. 또한 이것은 쓰레기에 양면성을 부여한다. 쓰레기는 신성한 존재인 동시에 사악한 존재인 것이다. 쓰레기는 모든 창조의 산파인 동시에 극히 가공할만한 장애물이다. 쓰레기는 숭고하다. 매혹과 혐오의 독특한 혼합물인 쓰레기는, 마찬가지로 그만큼 경외와 공포가 독특하게 혼합된 감정을 유발한다.

그러나 어떤 대상도 내재적 특성에 의해 **쓰레기**로 규정되지는 않으며, 어떤 대상도 내적 논리에 의해 쓰레기가 **될 수**

는 없다는 메리 더글러스의 말을 기억하라. 물질적 대상 — 인간과 관련이 있든 없든 — 이 위에서 열거한 것과 같이 신비롭고 경외심을 자아내고 공포스럽고 혐오스러운 특성들을 획득하는 것은 인간의 설계에 의해 쓰레기로 지정되기 때문이다. 통상 인간의 모발에 부여되는 의례상의 의미와 마법적 속성에 관한 뛰어난 한 연구에서 리치Edmund Leach는 여러 문화권에서 일어나고 있는 다음과 같은 사실에 주목하고 있다.

> 머리카락은 신체의 일부일 때는 머릿기름을 바르고, 빗고, 매우 정성들여 치장하는 등 애정 어린 보살핌을 받지만 일단 잘려나가자마자 '쓰레기'가 되며 명시적이고 의식적으로 …… 대변, 소변, 정액, 땀 등의 오염 물질과 연관된다 …… '쓰레기'는 분명히 마법적인 것으로서 이발사와 세탁업자에게 위험한 공격적인 힘을 부여하지만 그것이 특정한 개인의 힘인 것은 아니다…….

그것은 '마법적인 머리카락' 자체의 힘, 또는 좀더 정확하게 말하면 머리카락이 인간의 신체로부터 분리됨으로써 이루어지는 놀랄만한 변성 작용의 힘이다. 머리카락에 가해지는 모든 조작 — 자르기, 면도하기, 멋 내기 등 — 은 과거의 사람으로부터 새로운 사람을 불러내는 것과 다르지 않다. 왜냐하면 많은 문화권에서 머리 모양을 바꾸는 것은 사회적으로 배정된 하나의 정체성에서 다른 정체성으로 넘어가는 통과 의례에서 빠뜨릴 수 없는 부분이기 때문이다. 따라서 분리 행위는 '두 가지 범주의 사람들을 창조할 뿐만 아니라 제3의 실체, 즉 의례적으로 분리되는 물질 또한 창조한다……' 다시 말해 '의례적 상황이 머리카락을 "강력하게" 만드는 것이지 머리카락이 의례를 강력하게 만드는 것은 아니다.' [17]

잘려나간 머리카락은 마법(정확히 말해 흑마법)의 힘의 원인이라고 생각되는 몇 가지 속성을 소변, 땀, 기타 유사한 '오염' 물질과 공유하고 있다. 오염 물질은 모호한 지위 ― 세상이 투명함을 잃지 않고, 행동이 명료함을 잃지 않으려면 넘어서지 말아야 할 방벽을 침범하는 ― 때문에, 그리고 육화(肉化)된 자아와 나머지 세계 사이에 놓인 신성불가침의 경계선을 의문시하고 잠식하기 때문에 배척과 혐오의 대상이 된다. 그러나 잘려나간 머리카락은 또한 모든 쓰레기가 가진 강력하고 불길한 속성도 공유하고 있다. 모든 쓰레기와 마찬가지로 그것은 낡은 것에서 새로운 것을, 나쁜 것에서 좋은 것을, 열등한 것에서 우월한 것을 추출해내는 경이로운 행위의 도구가 된다. 사람들이 열망하고 환영하는 이러한 변성은 쓰레기가 아직 주위에 남아 있는 한 ― 쓰레기를 쓸어모아 유출되지 않을 외딴 장소에 버리지 않는 한 ― 완벽하지도 안전하지도 않다. 창조 행위는 쓰레기의 분리와 처리 행위에서 절정, 완성, 진정한 성취에 이르게 된다.

현대적인 심성은 **세계는 변화 가능하다**는 생각과 더불어 탄생했다. 현대(성)는 지금까지 존재해온 세계를 거부하고 그것을 변화시키려는 결의와 관련되어 있다. 현대적 존재 방식은 강제적이고 강박적인 변화에 있다. '단지 존재하기만 하는 현실'을 거부하고 될 수 있는 것과 되어야 하는 것을 모색하는 것이다. 현대 세계는 동일성mêmete(리쾨르Paul Ricoeur의 표현을 빌리면)에 도전하려는 욕망과 결심을 담고 있다. **자기를 지금과 다르게 만들고, 고쳐 만들고, 계속해서 다시 만들려는 욕망이 그것이다.** 현대의 조건은 끊임없는 움직이는 데 있다. 선택은 현대화 아니면 소멸일 뿐이다. 따라서 현대사는 설계하기의 역사이자, 자연에 맞서 진행된 꾸준한 정복전/소모전에서 시도되고 퇴색되고 폐기되고 버려진 설계도의 박물관/묘지였다.

설계하기와 관련해 현대적 정신에 필적할만한 것은 없었다. 설계는 현대 사회와 그 구성원들이 결코 부족함을 겪어보지 않은 품목 중의 하나였다. 현대라는 시기의 역사는 계획되거나 시도되거나 추진되거나 완수되거나 실패하거나 폐기된 일련의 설계들로 점철되어 있다. 설계는 다종다양했지만 모든 설계는 설계자가 살고 있는 현실과는 다른 미래의 현실을 묘사했다. 그리고 '미래'는 그것이 '미래의 일'인 한 존재하지 않으므로, 그리고 존재하지 않는 것을 다루면서 '사실을 명료하게 파악'할 수는 없으므로 구성 활동이 끝났을 때 어떤 세계가 출현할지는 확실히 알 수도 말할 수도 없을 것이다. 정말 예견한 대로 안락하고 편안하고 즐거운 세상이 될 것인가? 그러한 목적을 위해 예산을 편성해 떼어놓은 자산과 승인된 작업 일정이 제도판에 그려진 세상을 미래의 현재로 옮겨놓는 데 적절한 것으로 판명될까?

설계의 속성상 위의 두 질문에 대해 부정적인 대답이 나올 확률은 늘 높았고 앞으로도 그러할 것이다. 토도로프^{Tzvetan} ^{Todorov}는 '순전히 좋기만 한 결과를 얻을 수 있다는 생각은 환상에 불과한 것'이라고 경고하고 있다.[18] 좀더 좋은 결과에는 반드시 대가가 따른다. 예측 불가능한 만큼 이득만 가져오는 것이 아니라 바람직하지 않은 결과도 수반하기 마련이다. 물론 설계 단계에서 후자는 통상 전체적인 의도가 훌륭하다는 핑계로 경시되거나 무시되곤 한다. 설계에는 위험들이 따른다. 현대가 점점 진전되면서 설계를 지배하는 열정과 설계를 이끌고 있는 노력은 점점 더 과거의 설계가 낳은 '부수적 피해'를 해독하고 중화하고 시야 밖으로 몰아내려는 충동에 의해 촉진되고 있다. 설계가 설계 자체의 가장 중요한 동기가 된다. 설계는 궁극적으로는 자기 영속화 과정이다. 또한 본질적으로 낭비적인 시도이기도 하다. 만일 어떤 설계도 완전하고 충실하게 '정곡을 찌르지' 못하며, 예상치 못하고 종종 불쾌한 방식으로 현실의 특정 양상을 간과하거나 의도적으로 무시하게 되는 결과를 피할 수 없는 경우에는 과도한 설계 — **설계의 잉여** — 만이 설계의 각 부분과 단계에서 불가피하게 발생하는 오류를 보완하면서 설계 과정 전체를 구원할 수 있을 것이다.

오류와 위험이 없는 설계란 형용모순에 가까운 말이다.

설계가 '현실성 있고' 실현 가능해 보이려면 복잡한 세계를 단순화할 필요가 있다. '유관한 것'을 '무관한 것'으로부터 갈라내야 하고, 현실에서 다루기 쉬운 부분을 조작이 어려운 부분으로부터 걸러내야 하고, '합리적'이며 '우리 능력으로 이룰 수 있는' 목표 — 현재 이용할 수 있는 수단과 기술 그리고 곧 확보할 수 있는 수단과 기술에 의해 가능한 — 에 초점을 맞춰야 한다.

위에서 열거된 모든 조건을 충족시키려면 많은 것을 버려야 한다 — 우리의 시야 밖으로, 우리의 생각 밖으로, 우리의 행동 범위 밖으로. 또한 이 과정에서 버려진 나머지 것은 무엇이든 즉각 설계 과정의 **쓰레기**가 되어야 한다. 설계의 바탕이 되는 전략과 불가피한 결과는 행위가 낳은 물질적 산물을 '가치 있는 것'과 '가치 없는 것', '쓸모 있는 것'과 '쓰레기'로 나누는 것이다. 설계도 작성은 (앞에서 설명한 이유로 인해) 지속적인 과정이며, 규모도 계속 커지기 마련이므로 설계는 필연적으로 쓰레기의 영속적인 축적과 미해결의 또는 해결 불가능한 쓰레기 처리 문제의 증가를 초래할 수밖에 없다.

2002년 11월 29일에 나는 네 개의 '검색 엔진'을 통해 '쓰레기waste'라는 개념을 언급하고 있는 웹사이트를 찾아보았다. 알타비스타Altavista는 6,353,800개의 웹사이트 주소를 찾아주었다. 구글Google은 11,500,000개를 찾아주었다('대략'이라는 단서를 달아야 할 것이다. 구글은 빠른 검색 속도를 자랑하며, 이 검색은 겨우 0.07초밖에 걸리지 않았다). 라이코스Lycos는 17,457,433개, 올더웹Alltheweb은 17,478,410개의 웹사이트를 찾아주었다.

위의 수치에서 볼 수 있듯이 '쓰레기'에 대한 정보를 검색하면서 예기치 않게 덤으로 얻은 결과는 쓰레기의 **과잉**에 대한 간접 정보이다. 이 과잉은 '죽음만이 갈라놓을 수 있는' 쓰레기의 충성스러운 동맹자이자 공범이며, 거대하게 기하급수적으로 불어나는 쓰레기 비대증의 주된 기여자이다. '이용 가능하고' '제공 중인' 정보의 분량은 흡수해서 소화하고 보유하기는 고사하고 피상적으로나마 훑어보기에도 지나치게 많다. 오늘날 과잉이라는 무기를 들고 위험에 맞서 싸우고 있는 우리의 전략에서 쓰레기의 존재는 사전에 상정되어 있으며, 정보의 지속적인 증가는 이러한 보편적 추세를 보여주는 탁월한 실례이다. 과잉 정보는 인간 두뇌에 저장하기에는 너무 거대한 분량이며, 심지어 전통적인 정보 저장소인 도서관 서가에 저장되기에도 너무 많다. 이러한 상황에서 전자 기억 장치가 유용하게 쓰이게 되었다. 월드와이드웹www은 무한히 넓고 기하급수적으로 확장 중인 정보-쓰레기통이 되고 있다. 모든 현대적 생산의 특징인 보편적 낭비성은 정보에 대한 만족을 모르는 갈증 — 컴퓨터 기술 덕분에 드러난 — 에서 가장 뚜렷하게 나타나고 있다. 조던Tim Jordan에 따르면 사이버 스페이스에서 정보는 원칙적으로 무한하며, 바로 이 때문에 정보를 통제하려는, 사실상 충족시킬 수 없는 추상적 욕구가 발생한다 …… 정보 과부하, 일정한 도구를 이용한 과부하 해결, 그리고 정보 출현의 과부하라는 세 가지 요소가 이른바 기술력 나선이라고 할 수 있는 것을 구성하고 있다.

정보-쓰레기의 생산은 모든 쓰레기 생산 활동과 마찬가지로 자가발전적 성격을 띠고 있다. 즉 쓰레기를 처리하려는 노력이 더 많은 쓰레기를 만든다.

정보 관리에 필수적인 요소가 된 도구 그 자체가 지나치게 많은 정보를 산출하게 됨에 따라 정보 과부하 문제가 다시 출현하는 경향이 있다.[19]

하지만 여기서 다시 앞의 검색 결과로 돌아가기로 하자.
심지어 우리가 살고 있는 지금 세상 — 정보 부족이 아니라 더이상 흡수할 수도 관리할 수도 없는 '객관적으로 이용가능한' 정보의 잉여 때문에 계속해서 혼란에 빠지고 있는 — 의 기준으로 보더라도 쓰레기 문제를 다루고 있는 웹사이트 수는 어마어마하다. 훨씬 더 이목이 집중되어 있으며 시끄럽게 논의되는 다른 공적인 의제들, 즉 현재 모든 사람의 관심사로서 입에 오르내리는 문제들과 비교해보면 그것이 얼마나 어마어마한지를 알 수 있다. 같은 날 올더웹 검색 엔진을 통해 검색한 결과 현재 가상 공간에서 가장 뜨겁게 이야기 중인 지구촌 전체의 화제인 테러리즘에 대해 7,304,625개의 웹사이트가, 빈곤에 대해서는 6,547,193개, 실업에 대해서는 3,727,070개, 인종차별에 대해서는 3,017,330개, 그리고 기아에 대해서는 1,508,426개의 사이트가 검색되었다. 1면 머리기사를 장식하는 경우는 상대적으로 드물지만 쓰레기 문제가 전세계적으로 당대의 관심사로서 꾸준하고도 영구한 자리를 확보했다는 것을 짐작할 수 있다. 공적 인물들의 연설이나 당의 각종 공약과 강령에서 쓰레기라는 말이 나타나는 일이 상대적으로 드문 데 비해 관련 웹사이트들의 기록적인 수가 증명하고 있듯이 쓰레기에 대한 숨은 관심도는 매우 높다. 이에 비추어볼 때 쓰레기는 아마 우리 시대의 **가장 괴로운 문제인 동시에 가장 철저하게 지켜지는 비밀**이라고 할 수 있을 것이다. 칼비노식으로 표현하면 '쓰레기'는 아글라우라라는 '이름으로만 성장하는' 아글라우라가 아니라 '땅 위에서 성장하는(87쪽)' 아글라우라에 속한다고 할 수 있을 것이다.

우리를 둘러싸고 있는 이야기 그리고 우리가 함께 살고 있는 이야기는 쓰레기에 관심이 없다. 그것이 관심을 갖는 것은 생산품이지 쓰레기가 아니다. 두 종류의 트럭이 날마다 공장을 떠난다. 하나는 창고와 백화점으로, 다른 하나는 쓰레기장으로. 우리를 둘러싼 이야기는 첫번째 종류의 트럭만 주목하라고 (중시하고, 가치를 두고, 관심을 가지라고) 우리를 훈련시켜왔다. 반면 두번째 종류의 트럭에 대해서 우리는 쓰레기 더미가 눈사태처럼 쓰레기 산으로부터 무너져 내려와 우리 뒷마당을 둘러싼 울타리를 뚫고 침범하는 경우(다행히 아직은 날마다 일어나지 않지만)에만 생각한다. 힘한 지역, 더러운 거리, 도시 빈민굴, 망명자 수용소 그리고 그 밖의 다른 제한 구역과 마찬가지로 우리는 그런 쓰레기 산들을 현실에서든 생각에서든 찾지 않는다. 관광할 때 들떠서 모험을 하는 중에도 그런 지역들은 조심스럽게 피해 다닌다(또는 그런 곳을 피하도록 인도된다). 우리는 극히 근본적이고 효과적인 방법으로 쓰레기를 처리한다. 즉 쓰레기를 보지 않음으로써 보이지 않게, 생각하지 않음으로써 생각할 수 없도록 만든다. 일상의 기본적인 방어막이 무너지고 예방책이 실패했을 때만, 이러한 방어막이 보호해야 할 생활세계의 안락하고 몽환적인 폐쇄성이 위험에 직면했을 때만 쓰레기에 대해 걱정한다.

그러나 라이코스나 올더웹에 물어보면 그런 근심스러운 순간이 멀리 있지 않음을 보여주는 1,700만 건 이상의 증언을 제공할 것이다. 그런 순간은 어느 때라도 올 수 있다. 아니 이미 왔을지도 모른다.

쓰레기는 모든 생산의 어둡고 수치스러운 비밀이다. 아마 비밀로 남아 있는 것이 나을지도 모르겠다. 산업계의 우두머리들은 쓰레기에 대한 언급 자체를 하지 않으려고 하며, 강한 압력을 가해야만 그것의 존재를 인정한다. 그러나 설계도에 따른 삶에서는 과잉이라는 전략을 피할 수 없기 때문에, 그리고 생산 활동을 자극하고 격려하고 유발하는 전략 또한 쓰레기 생산을 자극하기 때문에 쓰레기 은폐는 매우 어렵게 된다. 쓰레기는 그 엄청난 양 때문에 감추거나 은폐하는 것이 불가능하다. 따라서 쓰레기 처리 산업은 결코 사라지지 않을 현대적 생산의 한 부문(다른 수단에 의한 은폐 정책으로서, 이후의 억눌린 것의 복귀를 막는 것이 목표인 보안[안전] 서비스 산업과 더불어)인 것이다. 현대적 생존 — 현대적 생활 방식의 생존 — 은 얼마나 솜씨 좋고 능숙하게 쓰레기를 치울 수 있느냐에 달려 있다.

쓰레기 수거인들은 찬미 받지 않는 현대의 영웅들이다. 이들은 매일 정상성과 병리성, 건강과 질병, 바람직한 것과 불쾌한 것, 받아들일 수 있는 것과 거부해야 할 것, 적절한 것과 부적절한 것, 그리고 인간 세계의 내부와 외부 사이의 경계선을 선명하게 다시 긋는다. 이 경계선은 '자연적 경계'와는 거리가 멀기 때문에 쓰레기 수거인들은 끊임없이 감시하고 부지런할 것을 요구받는다. 하늘 높이 솟은 산맥이나 깊이를 알 수 없는 대해大海 또는 가로지를 수 없는 계곡은 내부와 외부를 가를 수 없다. 유용한 생산품과 쓰레기 사이의 차이가 이러한 경계선을 획정하는 것은 아니다. 그와 정반대로 경계선이 양자 간의 차이 — 받아들일 수 있는 것과 거부해야 할 것,

포함된 것과 배제된 것 사이의 차이 — 를 간파하고 불러내는 것이다.

이 경계선은 한번 쓰레기를 수거해버릴 때마다 새롭게 그려진다. 이것의 유일한 존재양식은 분리라는 부단한 **활동**에 있다. 한시도 경계를 늦추어서는 안 되는 것은 너무나 당연하다. 경계 초소와 통제실이 붕괴되어 형언할 수 없는 혼란이 뒤따르지 않도록 하기 위해 부단히 살펴봐야 하는 것이다. 그러한 경계선이 불안감을 자아내며 바싹 긴장시키는 것은 당연하다. 어떤 경계든 모호성이 생길 수밖에 없으나 여기서 말하는 이 경계선은 특히 모호하다. 아무리 엄밀하게 나누려고 해도 '유용한 생산품'으로부터 '쓰레기'를 분리시키는 경계는 회색지대 — 뚜렷이 획정되지 않고 불확실하고 위험이 가득한 왕국 — 이다.

이 경계선을 제대로 관리하는 것은 매우 중요하므로 그러한 일을 쓰레기 수거인에게만 맡겨둘 수는 없다. 쓰레기 수거인들은 잘못을 저지르거나, 대충대충 하거나, 게으름을 피우거나, 일을 엉성하게 처리할지도 모른다. 그들의 엉뚱한 판단으로 인해 경계선을 분명하게 확정함으로써 없애버렸어야 할 모호성을 다시 불러들일지도 모른다. 이 경계선은 원래 의도한 생산품과 나머지 쓰레기가 구분되기 전에 존재하므로 풍부한 전문 지식과 기술이 있어야 그것을 전혀 실수하지 않고 물샐틈없이 지킬 수 있다 — 그러나 이보다 더 필요한 것은 전문 지식과 기술 부족을 메워줄 수 있는 권위이다. 출입국 심사관과 품질 관리사가 필요한 것이다. 그들은 질서와 혼란을 나누는 선(늘 무단 월경과 전란의 위험에 둘러싸인 전선 또는 휴전선)을 방비하는 역할을 맡는다. 그들은 모호성에 맞서 싸우는 현대전에서 일선 부대에 속한 정예 요원들인 것이다.

 설계 작업이 '중요한 것'은 현존 세계에 개선되어야 **하는** 부분이 있기 때문이다. 그러나 그러한 현존 세계가 ― 변화를 위해 현재 써먹을 수 있는 수단에 비추어볼 때 ― 개선**될 수 있는** 상태에 있어야 설계 작업이 비로소 제 역할을 다할 수 있다는 사실이 더 중요하다. 설계의 목표는 '좋은 것'이 차지하는 자리는 더 넓히고 '나쁜 것'이 차지하는 자리는 더 좁히거나 없애는 데 있다. 나쁜 것이 나쁜 이유는 좋은 것이 존재하기 때문이다. '나쁜 것'은 개선의 결과 발생한 쓰레기이다.
 당연히 자연은 그것의 법칙들에 의해 지배되고 있다. 자연법칙들은 인간들이 만든 것이 아니며, 따라서 인간들에 의해 폐지될 수 없다. 베이컨의 조언에 따르면 인간은 그러한 법칙들을 배워 인간의 이익에 맞게 이용할 수 있을 뿐이다. 그런데 현 세계에서 현대인들의 생각에 특히 불쾌하고, 용납하기 어렵고, 견딜 수 없는 것은 인류의 현재 상태이다. 그리고 세계의 일부인 인류는 자연법칙을 무시하고 인간이 만든 법칙으로 그것을 대체하려고 함으로써 자신들을 위험에 빠뜨렸다.

 인류는 인간이 만든 법칙을 나침반 삼아 꾸준히 전진하면서 부조리와 편견과 미신 때문에 치이고 부딪히고 다치고 마음 아파했다. '실수'라는 것을 모르는 우주의 비인간적인 부분과 비교해볼 때 인간의 과거는 어리석음과 악의의 온상이자 대실수와 범죄의 오랜 연속처럼 보일 뿐이다. 우리가 생각할 수 있는 유일한 '인류 역사의 법칙'은 인간의 자발성이 보기 좋게 실패했을 때 이성이 그 자리를 넘겨받아야 한다는 것이 고작이었다. 이성이 그렇게 대신 넘겨받게 된 것은 시급한 만큼 불가피한 것이었다. 그것은 역사적인 필연이었다. 선택의 여지는 없었다. 어느 시점에서 인간 이성이 역사의 전면에 나서 역사의 자연스러운 성향과 근본적 경향을 억누르고 길들이고 재갈 물리며, 역사적 필요성에 맞는 형태로 만들 책임을 져야 한다는 사실이 밝혀질 수밖에 없었기 때문이다.

 인간적 결속의 옛 유형이 더이상 유지되지 않고 사회가 곳곳에서 해체되던 시점인 근대의 여명기가 바로 그러한 순간이었던 것처럼 보인다. 구제도$^{ancient\ regime}$라는 이름의 현상現狀을 계속 유지하는 것은 참을 수 없는 일이었다. 그것은 역사 법칙의 위반이었고 인간의 이성을 거스르는 범죄였다. 방종하고 무책임하고 무분별한 역사의 흠집 난 유산을 새롭고, 처음부터 다시 설계되고, 이성이 지배하고, 주문대로 만들어지고, 조정되는 (세련된, 문명화된, 정련된) 인간적 결속의 유형으로 대체하는 것은 더이상 지체할 수 없는 일이었다. 그러한 과업은 현대화를 향한 열정의 원동력이 되어야 했다.

현대(성)란 베닝턴Geoffrey Bennington이 다른 맥락에서 쓴 문구를 인용하면, '모든 것을 잃지 않으려면 누군가가 명령을 내려야 한다는 감각'에 의해 촉발되고 유지되는 영속적 비상사태라 할 수 있다.[20] 우리가 없으면 대홍수가 난다. 예방 조치나 선제 공격이 없으면 파국이 온다. 미리 설계된 미래 말고 달리 택할 수 있는 길은 혼돈의 지배뿐이다. 인간적인 것을 간섭 없이 내버려두어서는 안 된다.

현대(성)는 설계 강박증과 설계 중독에 빠진 상태이다.

설계가 있는 곳에 쓰레기도 있다. 어떤 집도 공사 현장에 남겨진 원치 않는 쓰레기들을 쓸어버려 깨끗해지기 전에는 완공된 것이 아니다.

그런데 인간적 결속의 형태를 설계하는 것이 문제가 될 때는 인간이 쓰레기가 된다. 설계된 형태에 맞지 않거나 앞으로 맞지 않게 될 일부 사람들이 바로 그들이다. 또는 설계의 순수성을 더럽히고 그로 인해 투명성을 흐리게 할 사람들. 정체 모를 오드라데크Odradek[21]나 고양이와 양의 교배종 같은 카프카의 괴물과 돌연변이들 — 피상적인 포함/배제 범주에 도전하는 괴짜, 악당, 잡종들. 그들만 아니라면 우아하고 평온했을 풍경에 오점을 남기는 사람들. 흔적을 없애거나 지워버림으로써만 설계된 형태가 보다 일관되고 조화롭고 안전하고 전체적으로 더 안정감 있게 되는, 흠 있는 존재들.

이처럼 새롭고 전보다 향상된 인간적 결속 형태를 가리키는 또다른 이름은 질서 구축이다. 『옥스퍼드 영어 사전 ^{Oxford} $^{English\ Dictionary}$』에 따르면 '질서^{order}'란 '모든 것이 제자리에서 제 기능을 하는 상태'이다. '질서 잡다$^{to\ order}$'(혼돈이 지배하던 곳에 질서를 구축한다)는 '물건을 정리해두거나 적절한 상태로 만들다, 규칙에 따라 배치하다, 조절하다, 다스리다, 관리하다'라고 정의되어 있다.

질서에 대한 전망(질서와 전망의 종류를 불문하고)은 자기 둥지로부터 혼돈이라는 괴물을 불러온다. 혼돈은 질서의 분신이며, 마이너스 기호가 붙은 질서이다. 즉 어떤 것이 제자리에 놓여 있지 **않고** 제 기능을 수행하고 있지도 **않은** 상태이다(그것에 합당한 장소와 기능을 생각할 수 있다는 전제 아래 이야기하자면 말이다). 자리도 기능도 없는 이 '어떤 것'이 질서와 혼돈을 나누는 분리대를 가로지른다. 그것의 삭제가 질서 구축 작업을 마치기 전에 마지막으로 해야 하는 창조 행위이다.

꼬리 없이는 머리도 없고, 어두움 없이는 빛도 없듯이 혼돈 없이는 질서도 없다. 혼돈은 질서가 이미 금지했음이 틀림없는 사건들을 통해 혼돈 상태로서 자신을 드러낸다. 그러나 이러한 금지가 알려지는 순간 혼돈은 지체 없이 얼굴을 드러낸다. 혼돈, 무질서, 무법성은 가능성들이 무한하고 포함 또한 한계가 없으리라는 것을 암시하고 있다. 반면 질서는 제한

과 유한성을 대변한다. 질서정연한(질서가 부여된) 공간에서 **모든 일이** 일어날 수는 없다.

질서정연한 공간은 규칙이 지배하는 곳이며, 규칙은 금지하고 배제하는 한에서만 규칙일 수 있다. 법이란 법이 존재하지 않았다면 허용되었을 행동과 무법 상태에서 살도록 허용되었을 행위자들을 금지함으로써 법이 된다. 아감벤^{Giorgio Agamben}에 따르면 법은

> 예외화에 따른 포함적 배제를 통해 자기 내부로 포획해 들일 수 있는 것만으로 이루어져 있다. 법은 그러한 예외 조항으로부터 자양분을 공급받으며, 그것이 없다면 사문死文일 뿐이다 …… 예외가 규칙에서 벗어나는 것이 아니라 오히려 규칙이 스스로의 효력을 정지시킴으로써 예외를 창출한다. 즉 예외와의 관계를 유지함으로써만 비로소 자신을 규칙으로 만들 수 있는 것이다(61, 76~77쪽).[22]

모든 주도권은 규칙이 확고부동하게 쥐고 있다. **규칙이 현실에 선행한다.** 법 제정이 인간 세계의 존재에 선행한다. 법은 설계(도)이다. 분명하게 경계 지어져 있고, 알아보기 쉽게 표시되어 있고, 지도로 그려지고 표지판이 있는 거주지를 나타내는 청사진인 것이다. 법은 안과 밖을 나누는 선을 그림으로써 무법성이 존재하게 한다. 무법성은 단순한 법의 부재가 아니다. 무법성은 법의 철회, 유예, 거부와 함께 발생한다. 법

의 보편성 추구는 법이 자신을 철회함으로써 면제된 것을 포함시키지 않는다면 공허한 말에 불과할 것이다. 법의 적용 한계를 설정하고 똑같은 기준으로 면제/배제라는 보편적 범주를 창출할 권리, 그리고 '제한 구역'을 설정하고 그 때문에 인간 쓰레기가 되어 배제되고 재생되는 사람들을 처리할 쓰레기장을 제공할 권리 없이는 법은 결코 보편성에 도달할 수 없다.

법의 관점에서 볼 때 면제는 자기유예 행위이다. 자기유예란 면제/배제된 것들을 규칙이 지배하는 영역 ― 법이 구획한 영역 ― 외부에 묶어둘 때 외에는 법이 이들에게 관심을 갖지 않는다는 것을 의미한다. 법은 배제된 것들에 관심이 없다고 선언하는 식으로 그러한 관심에 대응한다. 제외된 것들을 위한 법은 없다. 배제된다는 것은 그것에 적용할 법이 없는 상태를 가리킨다.

아감벤의 유형화에서 배제된 존재의 이념형적 모델로 제시된 것은 고대 로마법의 한 범주인 호모 사케르*homo sacer*로, '신의 법의 영역으로 들어가지도 못하면서 단순히 인간의 법정 밖으로 내쫓긴(174쪽)' 존재이다. 호모 사케르의 삶은 인간적 관점에서 보나 신의 관점에서 보나 아무런 가치도 없다. 호모 사케르를 죽이는 것은 법으로 처벌받는 범죄가 아니었고, 호모 사케르의 생명은 종교적 제물로도 쓰일 수 없었다. 오직 법만이 부여할 수 있는 인간적 · 신적 의미를 박탈당한 호모 사케르의 생명은 무가치한 것이다. 호모 사케르를 죽이는 것은 범죄도 신성 모독도 아니지만 같은 이유로 호모 사케르는 제물로도 봉헌할 수 없다.

이 모든 것을 현대의 세속적인 용어로 바꾸어 말하면 오늘날의 호모 사케르는 어떤 실정법으로도 규정되어 있지 않으며, 법규에 선행하는 인권도 보유하고 있지 않다. 주권은 호모 사케르에 대해 실정법의 적용을 거부하고 다른 어떤 권리('인권'을 포함해)의 보유도 부정하며, 이에 따라 법적 정의의 철회를 통해 정의되는 호모 사케르를 배제한다. 그리고 이를 통해 '주권의 영역'이 주장되고 확보되고 구획되고 보호되는 것이다. '주권의 정치적 영역은 …… 이중적 예외를 통해 구축된다'(176쪽).

호모 사케르는 현대에 들어와 질서정연한(법을 준수하는/규칙이 지배하는) 주권 영역을 생산하는 과정에서 배출된 인간 쓰레기의 일차적 범주이다. 한번 더 아감벤의 말을 인용해 보자.

> 수많은 그럴싸한 말들에도 불구하고, 오늘날 민족이라는 관념은 국가 정체성이라는 공허한 원군을 빼면 아무것도 아니며, 모두 그렇게 인식하고 있다. 여전히 이 문제에 관해 회의적인 생각을 품고 있는 사람들은, 이런 관점에서 우리 주변에서 일어나고 있는 일을 살펴보면 도움이 될 것이다. 한편으로, 강대국들은 **민족 없는 국가**(쿠웨이트)를 지키기 위해 무기를 든다. 다른 한편으로, **국가 없는**

민족(쿠르드족, 아르메니아인, 팔레스타인인, 바스크족, 이산한 유대인)은 아무런 처벌도 받지 않는 자들에 의해 억압되고 절멸될 수 있다. 한 민족의 운명은 오직 국가 정체성일 수밖에 없고, **민족** 개념은 시민권 개념 안에서 다시 명문화되어야만 의미가 있음을 명확히 하기 위해서 말이다.[23)]

현대라는 시대 내내 국민 국가는 질서와 혼돈, 법과 무법, 시민과 호모 사케르, 소속과 배제, 유용한(=합법적인) 생산품과 쓰레기 사이의 구분을 관장할 권리를 주장해왔다. '수많은 그럴싸한 말들에도 불구하고' 질서 구축 과정에서 생산된 쓰레기를 골라내고 분리하고 처리하는 작업, 그리고 국가가 권력을 주장할 근거를 제공하는 일이 국가의 최우선 과제이자 메타 기능이었다.

이러한 기능의 수행에 관한 국가의 배타적이며 나눌 수 없는 독점권은 도전받지 않았다 — 설계에 맞추어 인간의 현실을 재형성하고 있는 시대 특유의 상황에서 자연스러움과 예외 없음의 분위기를 유지하려는 열망으로 인해 적어도 다른 나라들에 의해서는 도전받지 않았다. 이러한 독점권은 심지어 오늘날 국가의 주권에 대한 주장이 허구적이라는 증거가 쌓여가고 있음에도 불구하고 극히 실제적인 필요 덕에 도전받지 않고 있다. 오늘날 국가 주권 중 그나마 살아남아 마치 유령처럼 어른거리고 있는 것이라도 건져내기 위해 과거에 정통적인 것으로 간주되던 방식과 수단들 — 거기에 통상 써먹는 정당화 논리를 완비해 — 이 버릇처럼 동원되고 있다.

 오늘날 국민 국가는 더이상 청사진 그리는 일을 관장하지 않으며, 질서 구축 현장의 이용과 오용$^{\text{utere et abutere}}$에 대한 소유권을 주장하지 않을지도 모른다. 그러나 그들은 주권의 기본적이며 본질적인 특권, 즉 면제의 권리만은 여전히 주장한다.

2

|

'그들'이 너무 많은가?
경제 발전이 만들어낸 쓰레기

그들은 언제나 너무 많다. '그들'이란 적으면 적을수록, 더 낫게는 아예 없어야 좋을 사람들이다. 반면 우리가 충분한 적은 결코 없다. '우리'는 많으면 많을수록 좋은 사람들이다.

『옥스퍼드 영어 사전』의 권위를 빌리자면 19세기 말 — 정확히 말하자면 1870년 — 까지는 '인구 과잉'이란 단어가 쓰인 적이 전혀 없었다. 그렇지만 맬서스^{Thomas Robert Malthus}는 19세기가 시작되기 직전(정확히 말하자면 1798년)에 『미래 사회의 개선에 영향을 미치는 인구의 원리에 관한 에세이*Essay on the Principle of Population as it Affects the Future Improvement of Society*』를 출간했다. 이 책의 과감한 주장에 따르면 인구 성장은 영원히 식량 공급을 앞지를 수밖에 없으므로 다산을 억제하지 않으면 식량이 부족하게 될 것이다.

진취적이고 활기차고 자신만만한 현대 정신을 대변하는 가장 뛰어난 사람들은 맬서스의 명제를 반박하고 그의 주장을 논파하는 것을 즐겼다. 사실상 맬서스의 '인구 원리'는 현대가 약속하는 모든 것을 거스르는 주장이었다. 즉, 인간의 모든 불행은 치유될 수 있고, 시간이 지나면 해결책이 발견되고 적용되어 지금까지는 채워지지 않았던 인간의 욕구가 충족될 것이고, 조만간 과학과 실용 기술이 인간의 현실을 인간 잠재력의 최고 수준까지 끌어올림으로써 '현실'과 '당위' 사이의 성가신 틈을 최종적으로 메우게 되어 있다는 확신에 역행하는 것이었다. 당시에는 인간의 능력(일차적으로 산업적 · 군사적 능력)을 증대시킴으로써 인간의 행복을 증진할 수 있고, 국가의 힘과 부는 노동자와 군인의 수에 의해 측정될 수 있다고 믿었다(그리고 이러한 믿음은 철학자와 정치인들의 잘 조화된 합창을 통해 날로 강화되었다). 실제로 맬서스의 예언이 등장해 논란이 일었던 사회에서 인구가 증가하면 인간의 생존에 필요한 물자는 점점 더 부족해진다는 것을 암시하는 징후는 전혀 보이지 않았다. 그와 반대로 노동력과 전투력 — 많으면 많을수록 더 좋은 — 이 희소성이라는 재난에 대처하는 주요하고 가장 효과적인 치료법인 것처럼 보였다. 지구상의 여기저기에는 무한히 광대하고 믿어지지 않을 만큼 비옥한 대지가 점점이 흩어져 있었는데, 사람이 거의 살지 않아 사실상 텅 빈 이 영토들은 정복과 식민지 건설을 기다리고 있었다. 이러한 곳들을 침략해 보유하려면 사람들이 잔뜩 배치된 거대한 산업 플랜트와 가공할만한 군대가 필요했다. 큰 것은 아름다운 것이었고 이로운 것이었다. 인구가 많다는 것은 힘이 크다는 것을 의미했다. 큰 힘은 큰 땅을 얻을 수 있다는 것을 의미했다. 그리고 큰 땅의 획득은 큰 '부'를 의미했다. 이어 큰 땅과 부는 많은 수의 사람들을 먹여 살릴 수 있는 여지를 의미했다. 증명 완료.

그리하여 국정 책임자들이 나라 안에 먹여 살려야 할 사람이 너무 많다는 생각을 하게 되었을 때 확신이 가고 믿을만하고 분명해 보이는 해답은, 설사 역설적일지라도 하나였다. 즉 인구 과잉에 대한 치료법은 더 많은 인구라는 것이 그것이다. 가장 강력하고, 그리하여 가장 인구가 많은 나라들만이 지구상의 약하고 후진적이며, 우유부단하거나, 쇠퇴하고 퇴보해가는 거주자들을 압도하거나 억압하거나 밀어내는 데 필요한 완력을 기를 수 있고, 그러한 완력을 효과적으로 행사할 수 있다는 것이었다. 만약 당시에 '인구 과잉'이라는 말이 있었다면 그것은 형용모순으로 치부되었을 것이다. '**우리**가 너무 많을' 수는 없었다 — 오히려 너무 적은 것이 고민되어야 한다. 지역적 혼잡은 지구적 차원에서 완화될 수 있다. 지역적 문제는 지구적 차원에서 해결될 것이다.

1883년에 열린 노동조합회의Trade Union Congress에서 한 연설자(솔트번 출신의 토인Toyne 씨)는 당시 영국에서 거의 상식이 되어버린 견해를 표명하면서 다음과 같은 점에 대해 심각한 우려를 피력했다.

> 농촌 지역에서 토지를 독점하려는 경향. 작은 농장들을 큰 농장으로 전환하려는 경향. 작은 농장들은 헐리고 있고, 땅은 대규모 토지로 흡수되었다. 현재의 토지 제도는 사람들을 토지에서 광산과 공장으로 몰아내 노동 시장에서 숙련공들과 경쟁하도록 만들고 있다. 이 나라의 노동자들은 당장 이런 처지로부터 구제받기를 원했다.[1]

이러한 불평은 전혀 새로운 것이 아니었다 — 경제 발전이라는 이름으로 알려진 창조적 파괴의 격렬한 역사 내내 단조롭게 반복된 진단 속에서 단지 혐의를 받는 범인과 장래의 피고인들의 이름만이 달라졌을 뿐이다. 이번에는 노동 시장의 과밀을 새로운 농업 기술로 인해 촉발된 소자작농들의 파산과 몰락 탓으로 돌렸다. 몇십 년 전에는 산업의 기계화에 의해 유발된 장인 길드의 해체가 비참함의 가장 중요한 원인으로 지목된 바 있었다. 다시 몇십 년이 흐른 후에는 농업 발전의 희생자들이 한때 피난처로 삼았던 광산과 공장들이 희생될 차례가 되었다. 하지만 이 모든 경우 노동자들의 생활 조건을 억누르고 있는 압박을 해소하고 생활 수준을 향상시키는 방법은 일자리를 제공하는 회사의 대문을 에워싸고 있는 무리의 수를 줄이는 데서 찾아지게 되었다. 그러한 해결책은 확실한 듯했고, 과잉 인구를 신속하게 보낼 수 있는 장소는 절대로 부족하지 않았던 만큼 논란을 불러일으키지도 않았다. 농업노동자조합Agricultural Workers' Union의 전설적인 지도자인 아치Joseph Arch는 1881년 농업감독관위원들 앞에서 이렇게 증언했다.

> 문: 노동자들의 임금을 인상시켜줄 수 있다는 것을 어떻게 보장할 것입니까?
> 답: 시장에서 노동자 수를 상당히 많이 줄였습니다.
> 문: 어떻게 시장에서 노동자 수를 줄였나요?
> 답: 우리는 남자, 여자, 아이들을 포함해 70만 명의 사람을 지난 8~9년 동안 이주시켰습니다.
> 문: 어떻게, 무슨 자금으로 70만 명을 이주시켰습니까?
> 답: 내가 캐나다로 가서 캐나다 정부에 비용을 지불하겠다는 협약을 맺었고, 조합 기금에서 그만큼의 비용을 충당했습니다.[2]

내부에서 생산된 '사회 문제'들을 그로 인해 피해를 입은 사람들을 대규모로 국외 송출하는 식으로 수출하도록 촉진한 또다른 요인은 도시 안에 '잉여' 인구가 축적되다가는 결국 임계점에 이르러 내적인 폭발에 이를 것이라는 두려움이었다. 산발적이긴 하나 계속 반복되는 도시 불안의 분출은 권력자들이 행동을 취하도록 박차를 가했다. 1848년 6월 이후 파리의 '험한 구역들'에서 반항적인 **밑바닥 인생들**misérables은 대대적으로 소탕되었으며, '더러운 종자들great unwashed'은 해외로, 알제리로 **집단** 이송되었다. 1871년의 파리 코뮌 이후

에도 이러한 일이 되풀이되었는데, 그때는 누벨칼레도니가 목적지로 선택되었다.³⁾

현대는 처음부터 대량 이주의 시대였다. 지금까지 정확한 수를 알 수 없고 아마도 영원히 알 수 없을 수많은 사람들이 아무런 생계도 제공하지 못하는 모국을 떠나 더 나은 운명을 약속하는 이국땅을 찾아 지구 곳곳으로 이주했다. 인기 있고 유행하는 여정은 그때그때마다의 현대화의 '열풍 지대'가 이동함에 따라 달라졌지만 전체적으로 이주자들은 지구의 '더 발전된'(더 강력하게 현대화가 진행 중인) 지역에서 '저발전된'(아직 현대화의 영향으로 사회경제적 균형이 깨지지 않은) 지역으로 이동했다.

이들의 여정은 요컨대 중층결정되었다. 한편으로 모국에서 먹고 살 만한 일자리를 얻을 수 없거나 이전에 성취했거나 물려받은 사회적 지위를 유지할 수 없는 과잉 인구의 발생은 대체로 선진적 현대화 과정이 진행된 지역에 국한된 현상이었다. 다른 한편 급속한 현대화라는 동일한 요인 덕택에 자국 내에서 과잉 인구를 생산해낸 나라들은 아직 현대화 과정의 손길이 미치지 않은 지역들에 비해 기술적·군사적 우월성을 (설사 일시적이었을지라도) 누리게 되었다. 이것이 그들로 하여금 그런 지역을 '텅 빈'(그리고 그런 지역을 텅 빈 곳으로 만들기 위해 저항하는 원주민들을 몰아내거나 이주민들이 보기에도 그리 마음이 편치 않은 치졸한 권력을 휘둘렀다) 곳으로, 그러니까 대량 이주에 적합하고 대량 이주가 꼭 필요한 곳으로 간주하고 또 그렇게 취급하도록 한 것이다. 분명히 불완전한 추산이지만 유럽의 군인과 상인들이 최초로 도착해 정착한 시점과 이주자 수가 최저치에 도달한 20세기 초 사이에 '전현대적'인 대륙들에서 살던 약 3천만~5천만 명의 원주민들이, 즉 이들 대륙들 전체 인구의 약 80%가 사라졌다.[4] 많은 사람들이 살해당했고, 다른 사람들은 수입된 질병으로 죽어갔고, 나머지는 수세기 동안 조상들을 먹여 살려주었던 삶의 방식을 잃고 죽어갔다. 다윈Charles Darwin은 유럽이 이끈 '야만인의 문명화' 과정의 대서사를 이렇게 요약하고 있다. '유럽인들이 지나간 곳에는 죽음이 원주민들을 따라다니는 것 같다.'[5]

얄궂게도 유럽의 잉여 인구가 정착할 새로운 장소를 제공하기 위해 (즉 본국의 경제 진보로 인해 점점 더 대규모로 발생하고 있는 인간 쓰레기들을 버릴 쓰레기장 역할을 할 수 있는 새로운 장소를 준비하기 위해) 원주민을 말살한 과정은 유럽의 잉여 인구를 '경제적 이주'로 재활용 처리하는 과정과 똑같이 진보라는 미명 아래 수행되었다. 그리하여 예를 들어 루즈벨트Theodore Roosevelt 같은 경우 아메리카 인디언의 말살을 문명의 대의를 위한 사심 없는 봉사로 주장할 정도였다.

> 이주민과 개척자들은 본질적으로 정의의 편에 서 있었다. 이 거대한 대륙을 단지 더러운 야만인들을 위한 금렵구로 남겨둘 수는 없었다.[6]

근본적으로는 남미 대초원에 살고 있던 인디언 원주민의 '인종 청소'였지만 아르헨티나 역사에서는 완곡하게 '사막 정복'으로 불리고 있는 저 악명 높은 사건의 지휘자인 로카 장군General Roca은 동포들에게 이렇게 설명했다.

> 우리의 자존심을 지키려면 우리의 부를 파괴하며 공화국에서 가장 풍요롭고 비옥한 대지를 법과 진보와 우리 자신의 안보의 이름으로 확고히 점령하는 데 방해가 되는 이 한줌밖에 되지 않는 야만인들을 이성으로든 무력으로든 가능한 한 빨리 진압해야 한다.[7]

이후 많은 시간이 흘렀지만 관점들 그리고 그러한 관점들이 열어주는 시각들, 그러한 시각들을 묘사하는 데 사용되는 말들은 변하지 않았다. 최근만 해도 이스라엘 정부는 다음번에 몰려올 유대인 이주자의 정착을 위해 네게브 사막의 베두인족을 몰아내기로 결정했다.[8] 이미 그보다 5년 전, 마치 북부 도시들의 과잉 인구를 이주시킬 빈 땅이 미래에 필요함을 예견하기라도 한 듯 샤론Ariel Sharon 당시 내무부 장관은 베두인족은 이미 사라졌다고 선언했다. 그는 네게브 사막이 '염소와 양 몇 마리를 제외하고' 텅 비었다고 말했다. 이후의 조치는 현실을 샤론의 선언에 훨씬 더 근접한 것으로 만들었다. 14만 명의 네게브 사막 베두인족 중 약 절반이 '난립한 도시의 쓰레기장보다 나을 것이 없는' '승인된 마을'이나 '개발촌락'에 정착하게 된 것이다. 유대인 협회Jewish Agency를 대표해 재무담당인 헤르메시Shai Hermesh는 다음과 같은 의견을 밝혔다.

> 베두인족 문제는 그들이 아직 전통과 문명 사이의 모서리에 놓여 있는 데서 발생하고 있다 …… 그들은 자기 어머니와 할머니들은 양들과 함께 살기 원한다고 한다.

그러나 그는 문명 쪽이 이길 것이라는 낙관적인 결론을 내리고 있다. 그는 다음 세대의 유대인 이주민을 위해 네게브가 필요하다고 말했다. 네게브에서 '땅은 돈 몇 푼이면 구할 수 있다'.

'인구 과잉'은 보험 계리사와 같은 사람들이 내놓는 허구에 불과하다. 경제의 순조로운 작동을 돕기는커녕 경제의 적절한 작동을 측정하고 평가할 수 있게 해주는 지표의 달성 — 성장은 말할 것도 없고 — 을 훨씬 더 어렵게 만드는 사람들의 출현을 가리키는 코드명인 것이다. 그러한 사람들의 수는 통제할 수 없을 정도로 늘어나고 있는 듯하다. 이들은 끊임없이 비용을 상승시키지만 아무런 이익도 가져다주지 못하고 있다. 생산자 사회라는 관점에서 볼 때 이들에게 일을 시키지 않아도 현재와 미래의 수요가 흡수할 수 있는 상품을 전부 생산할 수 있으며, 더 빨리 더 많은 이익을 내며, '경제적으로' 생산할 수 있으므로 이들의 노동력은 전혀 유용하게 사용할 수 있는 것이 아니게 된다. 소비자 사회라는 관점에서 볼 때 이들은 '결함 있는 소비자들'이다 — 즉 소비자 시장의 능력을 확대할 수 있는 돈은 없는 반면 이윤을 추구하는 소비자 산업이 부응할 수 없고 이윤을 남기는 방향으로 '식민지화'할 수도 없는 또다른 종류의 수요를 창출하는 사람들이다. 소비자는 소비자 사회의 가장 중요한 자산이다. 따라서 결함 있는 소비자는 가장 성가시고 비용이 많이 드는 부담이다.

'잉여 인구'는 인간 쓰레기의 또다른 종류이다. '살 가치도 없는 목숨들'로 질서 구축 설계도의 희생자들인 호모 사케르들과는 달리 그들은 주권의 명령에 의해 법의 보호로부터 배제된 '합법적 표적'들이 아니다. 그들은 오히려 경제 발전에 따른 의도되지도 않고 계획되지도 않은 '부수적 희생자들'이다. 경제 발전 과정(현대화의 주요한 조립 라인/분해 라인)에서 기존의 '생계 유지' 형태는 차례차례 해체되고 부품으로 분해되어 새로운 형태로 재조립('재활용')된다. 이 과정에서 일부 부품은 수리도 하지 못할 만큼 망가져버리며, 한편 분해 단계에서 살아남은 부품 중 신품 — 일반적으로 이것이 훨씬 더 성능도 좋고 소형화되어 있다 — 을 만드는 데 필요한 부품의 양은 점점 더 줄어들고 있다.

질서 구축 과정의 합법적 표적들의 경우와는 달리 아무도 경제 발전의 부수적 희생자가 될 계획을 세우지 않을뿐더러, 저주받은 자와 구원받은 자를 구분하는 선을 미리 그어놓지도 않는다는 것은 두말할 필요도 없을 것이다. 스타인벡^{John} ^{Steinbeck}의 『분노의 포도$^{Grapes\ of\ Wrath}$』에 나오는 좌절하고 절망한 주인공이 당혹스럽게 깨닫는 것처럼 명령을 내리는 자도 책임지는 자도 없다. 그는 더는 '경제적으로 가망이 없는' 농장을 지키기 위해 총을 들고 싸우고 싶어하지만 자신에게 고통과 고뇌를 안겨준 단 한 명의 악의에 찬 가해자도 발견할 수 없었다. 단지 경제 발전의 부산물일 뿐인 인간 쓰레기의 생산은 비인격적이고, 순전히 기술적인 문제가 가진 모든 특징을 보여준다. 경제 발전이라는 드라마의 주역은 '교역 조건', '시장 수요', '경쟁 압력', '생산성' 또는 '효율성' 등의 필수 요건들인데, 이것들은 모두 이름과 주소가 있는 현실적 인간의 의도, 의지, 결정, 행동과의 어떠한 연관도 철저히 감추거나 명시적으로 부인한다.

배제의 원인들은 다르겠지만 배제당하는 쪽에 있는 사람들의 입장에서 보면 결과는 크게 다르지 않을 것이다. 사회적 생존을 유지하는 데 필요한 자신감과 자부심을 박탈당한 가운데 생물학적 생존을 유지하기 위한 수단을 획득해야 하는 힘겨운 작업에 직면해 있는 이들에게는 자신이 설계 때문에 고통받는 것인지 아니면 태만 때문에 비참해진 것인지 사이의 미묘한 차이를 구별하기 위해 깊이 생각하고 음미할 이유가 없는 것이다. 그들이 거부당했다는 느낌을 갖고, 성나서 격분하고, 원한을 품고 복수심을 불태운다는 것은 얼마든지 이해할 수 있을 것이다 — 그러나 저항해봤자 헛수고라는 걸

배우고, 내가 부족하기 때문이라는 판결에 굴복한다면 그런 감정들을 효과적인 행동으로 재창조할 수 있는 길을 찾기는 너무나 어렵다. 명백한 선고에 의해서든 아니면 공표되지 않은 암묵적인 평결에 의해서든 그들은 여분의, 불필요하고 요구받지 못하고 다른 사람이 원하지도 않는 사람이 되어버리는 것이다. 게다가 초점을 벗어나거나 정신이 나간 상태에서 보이는 그들의 반응은 오히려 그러한 비난을 받아도 마땅하다는 생각이 들도록 만든다.

폴란드의 위대한 학자 차르노프스키Stefan Czarnowski는 '여분의' 혹은 '주변화된' 사람들의 상황과 행동에 관한 탁월한 통찰을 보여주면서 이들을 **몰락한** 개인들, 즉 분명하게 규정된 어떤 사회적 지위도 갖지 못하고, 물질적·지적 생산이라는 관점에서 불필요한 사람들로 간주되며, 본인들 스스로도 그렇게 생각하고 있는 사람들'로 묘사한 바 있다. '조직사회'는 이들을

> 우려먹는 자들과 침입자들로 취급해, 잘 봐줘야 말도 되지 않는 허세나 부린다거나 나태하다고 비난하고, 종종 음모, 사기, 범죄 언저리 생활 같은 온갖 사악한 짓거리를 저지른다고, 어쨌든 사회 전체에 기생해 먹고 산다고 비난한다.[9]

잉여 인간들은 어떻게 해도 승산이 없는 상황에 처해 있다. 현재 칭찬받고 있는 삶의 방식에 맞추려고 하면 즉각 사악한

오만함, 거짓 허세, 노력도 하지 않고 보너스를 달라고 요구하는 뻔뻔한 자들이라는 등의 비난을 받게 될 것이다 — 범죄적 의도를 갖고 있다는 말까지는 듣지 않겠지만 말이다. 반면 공공연히 분개를 표명하면서 가진 자들에게는 유익하지만 이들과 같은 무산자에게는 독이 될 가능성이 큰 삶의 방식을 존중하지 않으면 이것은 즉시 '여론'(좀더 정확히 말해, 선출되거나 자임한 대변인들)이 '당신에게 이제까지 쭉 이야기해온' 것 — 즉 잉여 인간들은 단순히 이질적 존재가 아니며 사회의 건강한 조직을 갉아먹는 암적 존재이자 '우리의 생활 방식'과 '우리의 가치'를 위협하는 불구대천의 적이라는 사실 — 을 증명하는 증거로 간주될 것이다.

영어에 '인구 과잉'이라는 단어가 등장한 지 130년 뒤(정확히 말해서 2003년 1월 22일) 알타비스타는 이 말을 언급하고 있는 70,384개의 웹사이트를, 구글은 '약 118,000개'(그것을 찾아내는 데 0.15초 걸렸다), 라이코스는 336,678개, 그리고 올더웹은 337,134개를 찾아주었다. 이 수는 특별히 많아 보이지 않으며, 특히 '쓰레기'라는 단어를 다루고 있는 수백만 개의 웹사이트와 비교해볼 때 그러하다. 하지만 아무리 그렇다고 해도 엄밀히 말해 인구 과잉은 이제 막 등장해 쓰레기의 생산과 처리에 열중하고 있는 전지구적 문명의 부작용 가운데 하나일 뿐이다.

'더이상 일할 것을 요구받지 않는 잉여적 존재의 생산은 지구화의 직접적 결과'라고 브룬크호르스트Hauke Brunkhorst는 주장한다. 이어 그는 '인구 과잉'이 전지구적으로 확산되면서 나타나는 특색은 잉여 인간들을 사회적 의사소통의 영역에서 배제함으로써 급속한 증가세에 있는 불평등을 무마하는 방식들에서 찾을 수 있다고 덧붙인다.

> 작동 중인 체계로부터 떨어져나간 사람들 — 인도, 브라질 혹은 아프리카 또는 심지어 현재는 뉴욕과 파리의 여러 구역에도 있는 — 은 곧 나머지 사람들과 접촉할 수 없게 된다. 그들의 목소리는 더이상 들리지 않게 되고, 그들은 종종 말 그대로 말문이 막히게 된다.[10]

인구학자들은 고려와 추정의 대상으로 삼아야 할 변수들의 집합을 너무 좁게 설정하는 바람에 미래의 인구에 대한 신뢰할만한 예측을 내놓지 못하는 경향이 있다. 어쩔 수 없이 가장 최근의 출산율과 사망률 추이 — 그 자체가 예고 없이 쉽게 변동하는 — 에 기반해 작성되는 인구학적 예측은 미래의 양상보다는 현재의 심리 상태를 반영하게 된다. 이는 통상 과학적 예측의 결과로 간주되는 표준 지표보다는 점쟁이의 예언에 더 가깝다. 하지만 이처럼 불확실한 예측에 대한 책임을 전부 인구학자들에게 돌릴 수는 없을 것이다. 아무리 부지런히 가용한 자료를 모으고 조심스럽게 평가하더라도 '미래 역사'는 과학적 연구로는 찾아낼 수 없으며 가장 앞선 방법론을 동원한 과학적 예측으로도 밝힐 수 없다. 확고하게 제도화된 수순들이 전혀 없는 것으로 악명 높은 현재의 전지구적 상태에서 이제 막 생성 중인 사회문화적 변동들을 인구학 혼자서 모두 해명할 수는 없는 노릇이기 때문이다. 그러한 변동들의 방향과 의의가 완전히 드러나려면 아직도 한참 많은 시간이 필요할 것이다. 특히 '잉여'를 규정하고 미래의 인간 쓰레기 처리 메커니즘을 실현하게 될 사회적 환경을 미리 머릿속에 그리기는 어렵다. 아래에 나오는 인구학적 예측은 이러한 전제조건을 염두에 두고 읽어야 한다. 그러한 예측들은 일차적으로 오늘날의 관심사와 근심의 증거로서 해석될 필요가 있으며, 곧 다른 관심사들에 의해 부인되고, 버려지거나 잊혀지고, 대치될 것이다.

지구정책연구소Earth Policy Institute의 2002년 9월 5일자 보고서에 따르면 현재 62억 명인 세계 인구는 매년 약 7,700만 명씩 증가 중인데, 그러한 증가율은 몹시 불균형하게 분포되어 있다. 소위 '선진국들'(즉 서양의 부유한 나라들과 다른 곳에 산재해 있는 급속한 '서구화'의 틈새 지역들)의 출산율은 이미 기적의 비율이라는 여성 1인당 자녀 수 2.1명 이하로 떨어졌고, 이 수치는 '대체 수준'(인구성장률 0)으로 간주된다. 그러나 지금 50억 명인 '개발도상국' 인구는 2050년에는 82억 명에 달할 것으로 예측된다. 아프가니스탄이나 앙골라 같은 최빈국 인구가 가장 빠르게 증가하며, 이들 국가의 인구는 현재의 6억 6천만 명에서 18억 명으로 증가할 것으로 예측된다.

'인구 과잉'이라는 임박한 문제에 대한 순전히 산술적인 계산이 나타내는 것 이상의 것을 보기 위해서는, 그리고 그러한 계산이 드러내는 것이 아니라 오히려 은폐하고 있는 사회 문화적 현실들을 통찰하기 위해서는 먼저 '인구 폭탄'이 폭발할 것으로 예상되는 지역은 대부분 현재 지구에서 인구 밀도가 가장 낮은 곳들이라는 점에 주목해야 한다. 예를 들어 아프리카에는 1제곱 마일당 55명이 거주하는 반면 스텝 지대와 러시아의 영구 동토 지대까지 포함하더라도 전 유럽에는 1제곱 마일당 평균 261명이 살고 있으며, 일본에는 1제곱 마일당 857명, 네덜란드에는 1,100명, 타이완에는 1,604명, 홍콩에는 14,218명이 살고 있다. 최근 『포브스 Forbes』지 부편집장이 지적한 대로 중국과 인도의 전체 인구가 미국 본토로 이주하더라도 인구 밀도는 영국, 네덜란드 또는 벨기에의 인구 밀도를 넘지 않을 것이다. 그럼에도 불구하고 네덜란드를 '인구 과잉' 국가로 보는 사람은 거의 없는 반면 몇몇 '아태 지역 경제 강국들 Pacific Tigers'을 제외한 아시아 전역이나 아프리카의 '인구 과잉'에 관한 경종은 끊이지 않고 있다.

이러한 역설을 설명하기 위해 인구 추세 분석가들은 거주 밀도와 인구 과잉 현상 사이에는 아무런 관계가 없다는 점을 지적한다. 인구 과잉의 정도는 해당 국가의 보유 자원이 부양할 수 있는 사람들 수와 인간적인 삶을 지탱할 수 있는 지역 환경의 잠재력에 기초해 측정되어야 한다는 것이다. 그러나 에얼릭 부부 Paul and Anne Ehrlich의 지적에 따르면 네덜란드가 기록적인 인구 밀도를 유지할 수 있는 이유는 바로 수많은 다른 나라들이 그렇게 할 수 없기 때문이다……. 예를 들어 1984~1986년에 네덜란드는 약 4백만 톤의 곡물, 13만 톤의 기름, 그리고 48만 톤의 완두콩, 강낭콩, 렌즈콩을 수입했는데, 이들은 모두 세계 상품 거래소에서 상대적으로 저렴하게 평가되는 품목들이다. 반면에 네덜란드는 수출 전용의 우유나 식용 육류를 생산해 지독하게 높은 가격으로 팔 수 있었다. 부국들이 높은 인구 밀도를 유지할 여유가 있는 이유는 그들이 '고엔트로피'의 중심으로서 세계의 나머지 지역에서 자원 (가장 중요하게는 에너지원)을 끌어오고, 대신 전세계 에너지 공급의 상당량을 소모하고 소진하고 파괴하는 산업적 공정의 결과로 산출된 공해성 (종종 유독성) 쓰레기를 그곳에 돌려주고 있기 때문이다. 비교적 인구가 (전세계적 기준에서) 적은 부국들이 전세계 에너지 사용량의 약 3분의 2를 소모한다. 1994년 9월 5일에서 13일까지 카이로에서 열린 '인구와 개발에 관한 국제회의'에서 폴 에얼릭은 '너무 많은 부자들'이란 제목의 시사적인 연설을 통해 앤 에얼릭과 함께 수행한 연구 결과를 다음과 같이 요약했다.

지구의 생명 유지 체계에 끼친 인류의 영향은 단지 지구 위에 살고 있는 사람들 수로만 결정되는 게 아니다. 이는 인간들이 어떻게 행동하느냐에도 달렸다. 이 점을 고려하면 전혀 다른 그림이 떠오른다. 즉 주된 인구 문제는 부국들에 있는 것이다. 사실 부자가 너무 많다.

에얼릭 부부는 실로 곤란한 질문을 던진다. 즉 우리에게 위안을 주는 그림, 우리가 알고 있는 죄와 알고 싶지 않은 죄악을 사면해주는 힘이 있는 그림, 그렇기에 우리가 소중히 여기는 그림을 말 그대로 거꾸로 뒤집어 엎어버리는 질문을 말이다. 저 부자들, 즉 지구 자원의 무관심한 소비자들이야말로 지구의 진정한 '기생충', '등쳐먹는 자', '기식자'가 아닐까? 따라서 우리가 지구의 '인구 과잉'의 원인이라고 비난하는 '잉여' 또는 '과잉' 출산의 기원은 '우리의 영광스러운 삶의 방식'으로까지, 즉 우리의 정치 대변인들이 '협상 불가의 문제'라고 선언하며 필사적으로 방어하겠다고 맹세하는 방식으로까지 거슬러올라가야 하지 않을까?

세세한 이유를 들 필요도 없이 이는 받아들이기 힘든 결론이다. '인구 과잉'에 대한 우리의 우려(적어도 오늘날 유행하는 유형의 우려)는 본래 그러한 속성을 띠고 있는 것처럼 보인다. '우리'가 아니라 '그들'에게 초점을 맞추고 있는 것이다. 이러한 버릇은 전혀 이상할 것이 없다. 결국 '쓰레기'를 '유용한 생산품'으로부터 분리하는 거시적 설계는 '객관적 상태'를 가리키는 것이 아니라 설계자들의 선호를 나타낸다. 그런 설계의 기준(권위 있는 다른 기준도 전혀 없지만)에 비추어보면 낭비적인 것은 '그들의' 출산이다. 왜냐하면 그것이 **그들의** 지역적 '생명 부양 체계'에 과도한, 참을 수 없는 압력을 가하기 때문이다. 그러한 체계는 언제나 연료에 대한 변덕과 탐욕과 갈망으로 가득한 **우리**의 삶의 방식을 유지해줄 에너지와 기타 자원을 캐내야 할 원천인데 말이다. 그러므로 지구를 인구 과잉으로 만드는 것은 '그들'이다.

부국들이 우리를 보호하기 위해 창립하고 자금을 대고 있는 다른 많은 학술 기관들과 마찬가지로 지구정책연구소가 지구 전역의 '인구 과잉' 문제를 해결하는 열쇠는 '그들의' 출산 제한이라는 것을 거의 의심치 않는 것은 당연하다. 일단 이렇게 전제하면 다음 과제는 재빨리 표적을 확인하는 것이 된다. 즉 더욱 단순하고 직접적으로 '그들'을 겨냥하는 것이다. 이제 필요한 것이라곤 기술, 우리의 전능한 과학과 산업 덕에 공급할 수 있으며 (값만 적당하면) 기꺼이 공급할 기술뿐이다. 그리하여 우리는 '효과적인 피임법의 보급이 열쇠'라는 것을 이 연구소를 통해 배우게 된다 — 물론 매우 취약한 소비 시장을 부양하는 것(다시 말해 미래의 피임 용구 소비자를 생산하는 것, 완곡한 표현으로 '여성 교육 수준과 취업률의 증대')이 그러한 상품을 팔아서 돈을 벌기 위한 필수 조건이긴 하지만 말이다.

앞서 언급한 카이로 회의에서 20개년의 '인구와 건강 프로그램'을 출범시킨 것은 이러한 목적 때문이었다. 이 프로그램은 '그들'('개발도상국')이 비용의 3분의 2를 부담하고 '기증자'(sic!) 국가들이 나머지 비용을 부담하는 계획이었다. 유감스럽게도 '그들'은 '그들의 약속을 대체로 준수'했지만 우리 '기증자'들은 우리의 약속을 준수하지 못했으며,

본래 공동 과제로 계획된 활동에서 우리 역할은 의약품 운송으로 국한되었다. 지구정책연구소에 따르면 1994~2000년 사이에 1억 2천2백만 명의 여성이 임신한 것은 이러한 지연 때문이었다……. 이런 상황에서 '그들의' 과도한 출산에 맞서는 싸움에 예상치 못한 동맹군이 가세했다. 바로 에이즈였다. 예를 들어 보츠와나에서는 같은 기간에 기대 수명이 70세에서 36세로 떨어졌고, 2015년 예상 인구는 28% 줄었다. 우리 제약 회사들이 이 전염병과 싸우는 데 써야 할 적당한 가격의 무기를 공급하는 데 별로 열의를 보이지 않은 것은 오로지 그들의 탐욕과 그들이 자임한 '지적 재산권'의 수호자 노릇 때문만이었을까?

우리를 걱정시키는 것은 항상 **그들**의 과잉이다. 우리 주위로 눈을 돌리면 그와 반대로 출산율의 지속적인 저하, 그리고 그것이 갖고 오게 될 결과, 즉 인구의 고령화가 우리를 안달나게 하고 불안하게 하고 있다. '우리의 생활 방식'을 유지하기에 충분한 숫자의 '우리'가 미래에도 있을까? 미래에도 청소부가, 즉 '우리의 생활 방식'이 날마다 쏟아내는 쓰레기를 수거할 사람들이 충분할까? 또는 로티Richard Rorty가 묻듯이 '책상 앞에 앉아 키보드를 두드리는' 우리 임금의 10분의 1만 받으면서 '자기 손을 더럽혀가며 우리 화장실을 청소해줄 사람들'이 충분할까?[11] '인구 과잉'에 맞선 전쟁의 이처럼 불유쾌한 다른 일면 — 단지 '우리의 생활 방식'을 현 상태로 유지하기 위해서라도 더 적은 수가 아니라 더 많은 수의 '그들'을 수입해야 한다는 냉엄한 전망 — 이 부유한 자들의 땅에 암운을 드리우고 있다.

인간 쓰레기, 특히 부유한 땅에 발을 디디는 데 성공한 인간 쓰레기를 써먹을 새로운 용도가 등장하지 않았더라면 그러한 전망이 그렇게 소름끼치지는 — 경비가 철저한 회사의 이사 회의실과 지루함을 자아내는 학술 회의장을 제외한 모든 곳에서 그렇게 느껴지는 경향이 있듯이 — 않았을 것이다.

보유 | 인간 능력의 본성에 관하여

지난 세기의 가장 위대한 러시아 철학자 중의 하나인 미하일 바흐친Mikhail Bakhtin은 현세적인 인간 능력의 신비를 해명하면서 '우주적 두려움'에 대한 묘사에서 출발했다 — 그것은 우주의 비현세적이고 비인간적인 장대함이 유발하는 인간적인, 너무나도 인간적인 감정이다. 인간이 만든 힘보다 우위에 있는 그것은 인간 힘의 기초, 원형, 영감으로서 작용한다. **우주적** 두려움은, 바흐친의 말에 따르면, 다음과 같은 상황에서 느끼는 전율이다.

> 헤아릴 수 없이 위대하고 형언할 수 없이 권능 있는 존재를 마주 대할 때, 별이 빛나는 하늘, 광대한 크기의 산들, 바다, 우주적 대격변과 자연의 재앙에 대한 두려움을 마주 대할 때 — 우주적 두려움은 근본적으로 엄격한 의미에서 신비로운 것이 아니다(물질적

으로 거대하고 정의할 수 없는 권능 앞에서 느끼는 두려움이다)…….[12]

'우주적 두려움'의 핵심에 놓인 것은 영원히 지속되는 우주의 거대함과 비교되는, 허약하고 죽음을 면할 수 없는 존재의 보잘것없음이라는 것을 지적하고 넘어가기로 하자. 철저하게 나약한 존재, 저항 못하는 무능력, '별이 빛나는 하늘'이나 '광대한 크기의 산들'을 바라볼 때 드러나는 무르고 연약한 인체의 **취약성**이 바로 그것이다. 하지만 그것은 또한 우주의 온전한 웅대함 속에서 드러나는 놀라운 권능을 파악하고, 이해하고, 정신적으로 받아들이는 것은 인간의 능력 밖의 일이라는 깨달음이기도 하다. 그러한 우주는 모든 이해를 벗어난다. 그것의 의도는 알 수 없으며, 다음 발걸음이 어디로 향할지 예측할 수가 없다. 우주의 작용에 미리 상정된 계획이나 논리가 있다 하더라도 그것은 확실히 인간의 이해 능력을 벗어나 있다. 그리하여 '우주적 두려움'은 또한 미지의 것에 대한 두려움, 즉 **불확실성**에 대한 두려움이기도 하다.

취약성과 불확실성은 그로부터 '공인된 두려움'이 주조되는 **인간** 조건의 두 가지 속성이다. 공인된 두려움은 인간의 능력에 대한 두려움, 인간이 만들고 인간이 보유하고 있는 힘에 대한 두려움이다. 그런 '공인된 두려움'은 '우주적 두려움'이 반영하는(혹은 그것으로부터 발산되는) 비인간적인 힘의 유형을 본떠 만들어진 것이다.

바흐친은 '우주적 두려움'이 모든 종교 체계에 의해 이용되고 있다고 주장한다. 우주와 그곳 거주자들의 최고 통치자로서의 신의 이미지는 취약성에 대한 두려움이라는 익숙한 감정과 헤아릴 수도 돌이킬 수도 없는 불확실성 앞에서의 전율을 재료로 빚어졌다. 따라서 종교는 효과적인 중재자로서, 즉 시도 때도 없이 닥치는 운명의 공격을 없애줄 수 있는 유일한 법정에서 취약하고 공포에 떠는 인간들을 대신해 변론해주는 중재자로서 자신을 정당화한다. 안전을 약속함으로써 인간의 영혼에 힘을 미치는 것이다. 그러나 그렇게 하려면 종교는 먼저 우주를 신으로 재가공해야 한다. 즉, 그것이 말을 하도록 해야 한다…….

  우주의 원형은 원래의 형태, 즉 자생적으로 태어난 형태로 보자면 **익명적**이고 **무감각한** 힘에 대한 두려움에 기반해 있다. 우주는 우리를 공포에 떨게 하지만 말은 하지 않는다. 아무것도 요구하지 않는다. 어떻게 나아가라고 지시하지 않는다. 우주는 두려움에 떠는 약한 인간이 무엇을 하든지 무엇을 하지 않든지 조금도 개의치 않는다. 별이 빛나는 하늘이나 산이나 바다에게 이야기하는 것은 무의미하다. 그들은 듣지 않을 것이며, 듣더라도 귀 기울이지 않을 것이며, 그들이 대답할 것이라고는 생각할 수도 없다. 그들에게 용서나 은혜를 구하는 것은 무의미하다. 그들은 상관하지 않을 것이다. 게다가 그들은 엄청난 힘을 갖고 있지만 그들이 상관한다 해도 참회자들의 소원을 들어줄 수는 없다. 그들은 눈, 귀, 마음만이 아니라 선별력과 자유 재량권도 없으며, 따라서 자기 의지대로 행동할 수 있는 능력도, 어떻게 해서든 일어나고야 말 일들의 속도를 높이거나 늦출 수 있는 능력도, 저지하거나 역전시킬 수 있는 능력도 없다. 그들의 움직임은 허약한 인간들만이 아니라 자신들에게조차 불가사의하다. 그들은 성경의 하느님이 모세와 대화를 시작할 때 말한 것처럼 '스스로 존재하는 자들'이다. 그러나 그들은 그러한 사실을 말할 수 없다. 그러니 그들에게 묻는 것은 무의미하다…….

이처럼 두려움을 주는 우주는 말씀이 있게 되자 두려움을 주는 신이 되었다(결국 「요한복음」이 옳았다……). 하지만 중요한 점은 이것이다. 비록 우주가 신으로 바뀌는 경이로운 변형이 두려움에 떠는 인간들을 신의 명령에 따르는 노예로 재구성했지만 이는 또한 인간에게 부여된 모호한 권능이 행한 결과라는 사실이다. 이제부터 인간은 무조건 온순하고 복종적이고 순응적인 존재가 되어야 했지만 또한, 적어도 원칙적으로는, 공포의 대상인 가공할만한 재앙들에서 벗어나기 위해 무언가 할 수 있게 되었다. 이제 낮의 순종을 대가로 밤의 악몽에서 자유로울 수 있게 된 것이다.

'우레와 번개와 빽빽한 구름이 산 위에 있고 …… 진중에 있는 모든 백성이 다 떨더라.' 그러나 이처럼 무시무시하고 놀라운 소동과 혼란 가운데 하느님의 말씀이 들렸다. '너희가 내 말을 잘 듣고 내 언약을 지키면 너희는 모든 민족 중에서 내 소유가 되겠다.' 그러자 '백성이 일제히 응답하여 이르되 여호와께서 명령하신 대로 우리가 다 행하리이다라고 했다'(「출애굽기」 19장). 그들의 온전한 순종 맹세를 듣고 크게 기뻐한 하느님은 그들을 '젖과 꿀이 흐르는 땅으로' 인도하겠다고 약속했다(「출애굽기」 33장).

바흐친이 주장하는 대로 만약 이것이 우주적 두려움이 '공인된' 두려움으로 전환되는 이야기라면 여기까지의 이야기는 불만족스럽거나 불완전한 것처럼 보인다는 것을 알 수 있다. 이 이야기에 따르면 시나이 산에서 하느님과의 잊지 못할 만남이 있은 뒤부터 백성들은 무엇을 하든지 율법(하느님의 뜻이라면 무엇이든지 다 복종하기로 약속하는 백지 수표에 서명한 순간 세세한 부분까지 꼼꼼히 명시된)에 의해 구속되었다. 그러나 또한 이 이야기는 상세하지는 않지만 다음과 같은 내용도 들려주고 있다. 이제 '공인된' 두려움의 원천이 된 하느님도 그러한 순간부터는 자기 백성의 복종에 의해 비슷한 방식으로 구속된 것이 분명하다는 것이다. 하느님은 의지와 자유 재량권을 획득하는 순간 다시 그것들을 포기해야만 한다는 것이다! 백성들은 단순히 순종함으로써 하느님의 자비를 강요할 수 있었다. 이런 식으로 인간들은 취약성에 맞설 수 있는 특허 약품과 불확실성이란 유령을 쫓아낼 수 있는 확실한 방법을 얻게 되었다. 율법을 자구 그대로 지키기만 하면 그들은 취약하지도 않고, 불확실성으로 인해 괴로움을 당하지도 않을 것이다. 그러나 취약성과 불확실성 없이는 두려움도 없을 것이며, 두려움이 없다면 힘도 없을 것이다…….

따라서 '우주적' 유형의 가공할 힘에 상응하는 '공인된' 힘의 기원을 설명하려면 「출애굽기」 이야기는 보충되어야 한다. 그것을 하고 있는 것이 바로 「욥기」이다. 「욥기」는 시나이 산에서 체결된 계약을 한쪽에서만 취소할 수 있는 것으로 만듦으로써 그것이 일방으로만 강제될 수 있게 만들었다.

법치 국가Rechtstaat로 상정되는 현대 국가의 주민들에게 「욥기」는 거의 이해할 수 없는 이야기이다. 그것은 삶의 조화와 논리의 본질에 관해 그들이 교육받고 있는 것과 상충되기 때문이다. 철학자들에게 욥 이야기는 지속적이고 치유될 수 없는 두통거리였다. '역사'라고 불리는 사건들의 혼란스런 흐름 속에서 논리와 조화를 발견하거나 주입하려는 그들의 희망을 좌절시켰기 때문이다. 여러 세대에 걸쳐 신학자들은 이 이야기의 수수께끼를 캐내기 위해 쏟아대다가 이만 부러뜨리고 말았다. 현대의 다른 갑남을녀(그리고 「출애굽기」의 교훈을 기억한 모든 사람들)와 마찬가지로 신학자들도 규칙과 규범을 찾도록 교육받았으나 **아무런 규칙도 규범도 없다**는 것이 이 이야기의 메시지였기 때문이다. 더 정확히 말하면 최고 권력자를 구속하는 어떤 규칙이나 규범도 없다는 것이다. 「욥기」는 훗날 슈미트Carl Schmitt의 '주권자는 면책특권을 보유한 자이다'라는 담대한 선언을 예견하고 있다.

「욥기」가 선언하는 바로는 하느님은 경배자들에게 아무런 의무도 지고 있지 않다 — 분명 당신의 행위에 대해 설명할 필요가 없다. 하느님의 전능함은 마음대로 변덕을 부릴 수 있는 권능, 기적을 일으킬 수 있는 권능 그리고 하등한 존재들은 그저 복종할 수밖에 없는 필연적 논리를 무시할 권능을 포함하고 있다. 하느님은 당신 뜻대로 징벌할 수 있고, 만약 징벌하지 않는다면 이는 오직 그의 (선하고, 은혜롭고, 자비롭고, 사랑하는) 뜻이 그러하기 때문이다. 하느님이 행하는 바를 인간이 어떤 수단 — 온순하고 신실하게 하느님의 명령을 따르고 하느님의 율법을 온전히 지키는 것을 포함해서 — 을 통해서든 제어할 수 있다는 생각은 독신瀆神이다.

당신이 대체한 무감각한 우주와는 **달리** 하느님은 말하고 명령한다. 그러나 명령할 수 있는 능력에는 한계도 따른다. 말하는 자는 들을 수도 있고 귀 기울일 수도 있다……. 하느님은 인간이 생각하고 원하는 것을 듣는다. 그리고 명령이 준수되는지 알아내 불경한 자들을 처벌할 수도 있다. 무감각하고 말 못하는 우주와 달리 하느님은 허약한 인간들이 생각하고 행하는 것에 **무관심하지 않다**. 그러나 당신이 대체한 우주와 **마찬가지로** 하느님은 인간이 생각하거나 행하는 것에 의해 **구속되지** 않는다. 그는 예외를 둘 수 있다 — 그리고 일관성 또는 보편성의 논리는 하느님의 저 특권에서 면책되지 않는다. 면책의 권능은 동시에 하느님의 절대 권력과 인간들의 지속적이고 치유될 수 없는 두려움을 낳는 기초가 된다. 이 면책권 때문에 인간들은 지금도, 율법이 있기 이전에 그랬듯이, 연약하고 불확실한 존재이다.

만약 인간의 능력이 이런 것이라면(사실 그렇다) 그리고 만약 권력이 바로 이런 식으로 자기 근거가 되는 규율의 광맥을 캐내고 있다면(사실 그렇다) '공인된 두려움'을 **생산하는 것**이 이 힘의 효력을 높이는 열쇠가 된다. 우주적 두려움에는 어떤 매개자도 필요 없을지 모른다. 그러나 '공인된 두려움'은 다른 모든 책략과 마찬가지로 매개자 없이는 소용이 없다. 공인된 두려움은 오직 **고안될** 수 있을 뿐이다. 현세의 권력자들은 이미 두려움에 사로잡혀 있는 인간을 구원하려고 애쓰지 않는다 ─ 비록 그렇게 하고 있다고 백성들이 믿게 만들기 위해 모든 노력을, 그리고 그 이상을 경주하고 있지만 말이다. 현세의 권력자들은 소비 시장에 나온 신상품과 마찬가지로 자신을 원하는 수요를 창출해야 한다. 손아귀에 쥐고 놓지 않기 위해 자신의 대상을 취약하고 불안한 상태로 **만들어 놓고** 그러한 상태로 **유지해야** 한다.

그리고 그들은 그렇게 만들어졌고 그렇게 유지되고 있다. 안전 강박증에 걸린 이름 모를 한 짐승이 평생 지하 은신처를 설계하고, 파고, 끝없이 개선하지만 단지 그를 그렇게 내몬 공포만 가중되고 만다는 카프카의 우화[3]가 던지는 메시지를 성찰하면서 크라카우어는 이렇게 주장하고 있다. 인간 사회에서

> 세대에 세대를 걸쳐 건물을 짓는 것은 불길한 일이다. 왜냐하면 이러한 건축물은 인간이 성취할 수 없는 안전을 보증해야 하기 때문이다. 체계적으로 건축을 계획할수록 건물 안에서 숨쉬기는 그만큼 더 어렵게 된다. 흠집 없이 세우려고 하면 할수록 그만큼 더 불

가피하게 그것은 지하 감옥이 된다…….

이러한 두려움은 피조된 존재에 내재하는 불안전성 역시 제거하기를 원하기 때문에 은신처를 짓는 것은 자기 기만적인 작업이다.[14]

그의 결론은 다음과 같다. '존재적 두려움이 유발한 조치들은 그 자체가 존재에 대한 위협이다.' 카프카가 정신분석을 행한 수수께끼의 두더지와 마찬가지로 '인간 존재에 내재하는 불안전성'을 먹고 사는 현세의 권력자들은 나중에 그들이 그에 맞서서 보호해주겠다고 약속할 위협을 창조하기 위해 애쓴다 — 그리고 그러한 위협을 창조하는 일에 성공하면 할수록 보호에 대한 수요 또한 그만큼 더 늘어나고 강화된다.

다른 어느 때보다 모두가 내일 아침 무슨 일이 일어날지 걱정할 정도로 취약하고 불확실할 때는 갑작스러운 재앙이 아니라 생존과 안전이야말로 예외가 되는 것처럼 보인다 — 이는 실로 보통 사람의 이해력을 벗어나는 기적, 초인적인 예지와 지혜와 실행력을 통해서만 일어나는 기적이다. 무작위로 닥치는 재난의 **회피**야말로 면책, 비상한 재능, 은총의 발현, 응급 조치가 현명하고 효과적으로 취해졌다는 증거, 경계 태세의 강화와 비상한 노력 그리고 매우 빈틈없는 예방책이 취해졌다는 증거처럼 보인다.

인간의 취약성과 불확실성은 모든 정치 권력의 주된 존재 이유raison d'être이다. 그리고 모든 정치 권력은 그러한 자격증을 정규적으로 갱신하는 데 주의를 기울여야 한다.

평균적인 현대 사회에서 존재의 취약성과 불안전성 그리고 심각하고 벗어날 길 없는 불확실성이라는 조건 아래서 삶의 목적을 추구해야 할 필요성은 삶의 여정이 시장의 힘에 노출됨에 따라 한층 더 명백해진다. 시장의 자유를 보장하는 법적 조건을 도입하고 감독하고 보장하는 일 외에 정치 권력이 충분한 양의 '공인된 공포'를 영구히 공급하는 데 더 간섭해야 할 일은 없다. 국민들에게 규율과 법률의 준수를 요구하는 가운데 정치 권력은 이미 존재하는 시민들의 취약성과 불확실성을 완화시켜주겠다는 약속, 즉 제약 없이 행사되는 시장의 힘에 의해 초래된 손실과 피해를 제한하고, 약자들을 지나치게 고통스러운 재난으로부터 보호하고, 불확실한 처지의 사람들을 자유 경쟁이 필연적으로 수반하는 위험으로부터 보호하겠다는 약속으로 정당성을 확보할 수 있다. 이러한 정당화는 현대적 형태의 정부가 '복지 국가'로서 자기규정을 하고 있는 데서 궁극적으로 표현되고 있다.

'복지 국가'라는 사고(더 적절하게 말하면 카스텔Robert Castel이 주장하는 '사회 국가'[15] —— 개인과 집단의 삶에 닥친 사회적으로 생산된 위험을 저지하고 무력화하는 데 애쓰는 국가)는 개인적 위험을 '사회화'하고 이러한 위험의 감소를 국가의 임무와 책임으로 삼겠다는 의도를 천명한 것이었다. 국가 권력에 대한 복종은 국가가 개인의 불행과 재난에 대비한 보험 증서를 보증하는 것에 의해 정당화되었다.

지금 정치 권력에 대한 그러한 공식은 과거 속으로 사라지고 있다. '복지 국가' 제도는 점점 해체되고 퇴출되는 반면 비즈니스 활동과 시장에서의 자유 경쟁 그리고 그에 따른 결과에 부과되었던 이전의 제약은 제거되고 있다. 국가의 보호 기능은 고용이 불가능한 소수의 사람들과 병약자들만 포함할 정도로 차츰 줄어들고 있으며, 이러한 소수 집단마저 사회적 보호 문제가 아니라 법과 질서의 문제로 재분류되는 경향이 있다. 시장의 게임에 참여할 수 없는 무능력이 갈수록 범죄로 취급되는 경향이 있는 것이다. 국가는 자유 시장의 논리(또는 비논리)로부터 야기되는 취약성과 불확실성에서 손을 떼고 있으며, 이제는 그러한 문제들을 사적인 문제로, 개인들이 사적으로 보유한 자원으로 다루고 대처해야 할 문제로 재정의하고 있다. 벡Ulrich Beck이 이야기하고 있듯이 이제 개인들은 체계의 모순에 대해 전기적傳記的인 해결책을 찾아내도록 기대되고 있다.[16]

이처럼 새로운 추세들은 부작용을 낳고 있다. 즉 국민을 괴롭히고 있는 취약성과 불확실성에 맞서 싸우는 데 있어 핵심적 역할을 자임해왔던 정치 권력이 현대에 들어 점점 더 자신이 의존해왔던 토대들을 약화시키고 있는 것이다. 광범위하게 관찰되는 정치적 무관심의 증가, 정치적 관심과 참여의 소멸(드러커Peter Drucker의 유명한 말에 따르면 '사회에 의한 구원은 그만'), 점점 더 법(률)을 무시하는 경향의 증가, 시민적 (그리고 그다지 시민적이지 않은) 불복종 징후의 급증, 그리고 마지막으로 (그렇지만 가장 사소하지는 않은) 제도 정치에 대한 참여로부터의 대대적인 후퇴 등은 모두가 기존의 국가 권력의 기초가 무너지고 있음을 증명하고 있다.

시장이 만들어낸 불안전성에 대한 과거의 계획적인 개입을 폐지하거나 심각하게 감축하고, 오히려 그와 반대로 그러한 불안전성의 영속화와 강화가 국민의 복리에 헌신하는 모든 정치 권력의 목표이자 의무라고 선언하면서 오늘날의 국가는 다른, 비경제적인 유형의 취약성과 불확실성을 찾아내 자신의 정당성의 토대로 삼아야 한다. 그러한 대안은 최근 **개인의 안전**이라는 쟁점으로 옮겨간 것 같다(아마 미국 행정부에 의해 가장 극적으로 실행되었을 것이다. 그러나 그것은 하나의 예외가 아니라 유형이 되었고 '선도적인 방식'으로 실행되었다). 개인의 안전 문제란 범죄 행위, '하층민'의 반사회적 행동, 그리고 (가장 최근에는) 국제 테러리즘으로부터 야기되는 생명, 재산, 거주지에 대한 위협과 두려움을 가리킨다.

시장에서 발생하는 불안전성은 너무나도 가시적으로 명백해 차라리 마음 편히 대할 수 있다. 이와 달리 국가가 상실한 구원에 대한 독점권을 회복시킬 것으로 기대되는 이 대안적인 불안전성은 인위적으로 강화되거나 최소한 경제에 의해 촉발된 두려움 — 정부는 그것에 대해 아무것도 할 수 없으며, 아무것도 하려고 하지 않는다는 — 을 압도하고 그것을 이차적 지위로 격하시키기에 충분할 정도의 '공적인 두려움'을 초래할 수 있도록 고도로 극화되어야 한다. 시장에서 발생한 생계와 복지의 위협 요소와 달리 개인의 안전에 대한 위협의 정도는 집중적으로 홍보되고 가장 암울하게 채색되어야 한다. 그래야만 위협이 현실화되지 않은 것이 정부 기관들이 경계와 주의와 선의를 기울인 결과로 나타난 대단한 일로 칭송될 수 있다.

내가 이 글을 쓰는 동안에도 워싱턴의 믿을만한 당국들은 공식 경계 수준을 계속 높이면서 '9·11 테러 규모의 또다른 공격'이 임박했다는 경고를 지루하게 주기적으로 발하고 있다. 하지만 그것이 언제 어디서 어떻게 일어날지는 아무도 모른다. 미국인들은 접착 테이프와 플라스틱 시트와 3일치의 생수와 건전지 라디오를 사두라는 권고를 받고 있다. 상점들에서는 이미 그런 물품들이 날개돋친 듯 팔리고 있으며, 식료품 저장고와 정원의 창고는 세계 각지의 변두리 국가에서 들어올지도 모를 방사성 낙진을 막아줄 DIY 방어 물품으로 가득 차고 있다.

공식적으로 촉발되고 휘몰아치는 두려움은 바흐친의 '우주적 두려움'의 저변에 깔려 있는 것과 똑같은 인간의 취약함을 기반으로 하고 있다. 『옵저버observer』지의 건강 칼럼니스트인 모어Anna More에 의해 '불안 장애 전문 상담 심리학자'로 소개된바 있는 에덜먼Robert Edelmann 교수는 통제력 결여와 무지가 결합하고 뒤섞여 신경쇠약적 불안감에 이르게 되며, 이는 국가가 나서서 위험과 위협을 널리 광고하는 것 때문에 초래된다는 점을 지적하고 있다. 또한 그는 이것이 낳는 불확실성과 불안이 어떻게 '스트레스, 불면증, 우울증' 등의 만연과

'동시에 알코올과 담배 판매의 급증'으로 이어지는지에 주목하고 있다. '우리는 시속 100마일로 운전하고 있더라도 그것을 통제하고 있다고 생각하지만 테러 공격에는 대비할 수가 없다.' 보통 사람들은 결코 접할 수 없는 정보에 정통한 소식통들은 자신들이 갖고 있는 정보로는 테러리스트의 숫자, 위치와 계획들에 대해 알 수 없다고 솔직하고 분명하게 인정하며, 다음 테러가 일어날 시간과 장소를 예측하는 것은 불가능하다고 선언한다. 에덜먼의 결론대로 테러리스트가 어떤 소행을 저지르지나 않을까 하고 두려움에 떨고 있는 수십억 명의 사람들과 비교하면 '테러 행위로 살해당한 사람들의 숫자는 아주 적다. 정부와 대중매체가 날마다 길에서 죽는 사람의 숫자에 대해 똑같은 식으로 강조한다면 우리는 너무 두려워서 자동차를 탈 수조차 없을지도 모른다.'[17]

그러나 최근 몇 달 동안 미중앙정보국CIA과 미연방수사국FBI은 '사람들이 불안에 떨고 걱정하게 만드는' 임무에 극렬하게 몰두했다. 언제 어디서 누가 저지를지는 모르지만 미국인들의 안전에 대한 공격이 분명히 이루어질 것이라고 경고하면서 미국인들을 끊임없는 경계 상태와 긴장 강화 상태로 몰아넣고 있는 것이다. 긴장은 반드시 있어야 하고, 더 긴장하면 할수록 바람직하다. 그래야 예고된 공격이 일어나지 않았을 때 긴장을 풀고 안심할 수 있다 — 그리하여 대중적 동의 아래 그러한 공적을 모두 법과 질서를 담당하는 기관들(행정부와 이 행정부가 지고 있는 공적 책임은 점차 이 기관들로 축소되고 있다)에 돌릴 수 있는 것이다.

 영국 최대 일간지인 『가디언*Guardian*』(2003년 1월 24일자)은 최근 실시한 조사를 토대로 '언론이 망명자들에 대한 히스테리를 조장하고 있다. 편집자들은 피난민과 테러리스트를 직접 결부시키며 영국을 갱들의 천국이라고 부르고 있다'는 제목의 기사를 실었다. 영국 총리는 대중 앞에 나설 기회가 있을 때마다 장소와 시간은 불확실하지만 영국에 대한 테러 공격이 분명히 있을 것이라고 경고하고, 내무부 장관이 골칫거리로 비등하고 있는 망명자 문제를 들어 영국 사회를 '언제 튀어오를지 모를 용수철'에 비유하는 동안 타블로이드 신문들은 재빨리 이 두 가지 경고를 결합하고 뒤섞어서 망명/테러리스트라는 히스테리를 만들어냈다. 물론 분명히 타블로이드 신문들만 그런 것은 아니다. 캐슬스Stephen Castles의 관측에 따르면

> 2001년의 9·11 테러 이후 피난민들에게는 국가 안보를 위협하는 불길한 초국적 존재라는 낙인이 찍혔다 — 실제로는 9·11 테러리스트 중 누구도 피난민이나 망명자가 아니었음에도 불구하고 말이다.[18]

 현재와 같은 식의 공인된 두려움을 뒤섞어서 만든 최고의 정치적 공식을 뽑는 대회가 있다면 일등상은 『선*Sun*』지에 돌

아갈 것이다. 이 신문의 문구는 이해하기 쉬운 데다 추측이나 상상의 여지를 전혀 남기지 않기 때문이다.

> 우리는 테러리스트들에게 우리의 구호금으로 살아가라는 공개적인 초대장을 보내고 있다.

정말 훌륭한 솜씨이다. 테러리스트에 대한 이처럼 새로운 종류의 공포는 '기식자들'에 대한 기존의 — 하지만 끊임없이 새로운 양분을 요구하는 — 증오와 단단히 결합되어 일석이조의 효과를 거두었고, '복지 기생자들'에 맞서 현재 수행 중인 십자군 전쟁에 대중에 대한 위협이라는 불굴의 신무기를 제공하고 있다. 국가가 경제적 불확실성에 더이상 주의를 기울이지 않고 개인들로 하여금 개인적이고 실존적인 불안전에 대한 개인적 치유법을 개인적으로 모색하도록 내버려두자 공식적으로 촉발되고 강화된 집단적 두려움이 새롭게 동원되어 정치적 의도에 봉사하게 되었다. 그리하여 개인의 안녕에 관한 시민들의 관심은 시장이 유발하는 **고용 불안정**precarité — 정부는 이것을 처리할 능력도 의지도 없다 — 이라는 불안한 지형에서 멀리 떨어져 보다 안전하고 보기에 그럴싸한 영역, 즉 통치자의 놀라운 힘과 강철 같은 결의를 효과적으로 보여주어 대중의 찬사를 이끌어낼 수 있는 영역으로 옮겨가게 되었다.

다른 타블로이드 신문들도 즉시 앞다투어 망명자들과 테

러 음모 사이의 사악한 연계를 파헤치는 치열한 경쟁에 뛰어들었고(『데일리 익스프레스 $^{Daily\ Express}$』지는 과거에 '그렇다고 말했잖아!'라는 의기양양한 결론으로 20번이나 1면을 장식한 바 있다), 끊임없이 합창곡의 주제를 새롭게 변주하면서 누가 가장 날카롭고 높은 목소리를 낼 수 있는지를 놓고 경쟁해왔다(『데일리 메일 $^{Daily\ Mail}$』지는 '히틀러가 1944년에 영국에 왔더라면 망명 자격이 주어졌을 것'이라고 주장했다). 위의 『가디언』지 설문 조사 기사를 쓴 모리스 $^{Steven\ Morris}$에 따르면 『뉴스 오브 더 월드 $^{News\ of\ the\ World}$』지는 '오크 경관이 사망한 장소 인근에 사는 망명자들에 대한 기사 맞은편에 난민들과 테러리즘을 둘러싼 뜬소문을 경고하고 있는 블렁킷 $^{David\ Blunkett}$의 칼럼을 배치했다'(오크 경관은 범죄 용의자인 이주자를 체포하는 과정에서 총격을 당했다). 실로 빈틈없는 모습이다. 난민 협회$^{Refugee\ Council}$ 대변인인 카와니$^{Fazil\ Kawani}$는 이 신문의 전체적인 메시지를 이렇게 요약하고 있다. '이 두 기사는 모든 망명자가 테러리스트고 범죄자라는 인상을 준다.' 『선』지는 서로 양립할 수 없는 가치관을 대변하는 상투적 문구를 다음과 같이 기묘하게 뒤섞는다(2003년 1월 27일자 사설).

> 이러한 인도주의의 바다는 테러리즘과 질병으로 오염되어 우리의 생활 방식을 위협하고 있다 …… 블레어는 **이제 더는 안 된다**고 말하고, 인권법을 **당장** 폐지하고, 모든 불법 이주자들을 **조속히** 가두어 철저히 조사해야 한다.

아마도 그런 경고성 기사의 기록적 판매 부수가 부러웠는지 권위 있는 『가디언』(2003년 2월 5일자)은 푸줏간에서나 쓸 법한 용어를 빌려 1면에 '망명자 수를 난도질할 계획'이라는 제호를 실었다. 난도질이라……. 피 냄새가 나지 않는가?

현대적 공포의 계보에 대한 철저한 연구를 통해 로베르Philippe Robert는 20세기가 시작될 때부터(즉 단순한 우연의 일치라고 볼 수만은 없는 것이, 사회 국가의 초기부터) 범죄에 대한 공포가 줄어들었다는 것을 발견했다. 그러한 공포는 이주 정착자들이 밀집한 **교외 지역**banlieues에서 분명히 들끓고 있던 범죄에 초점을 맞추어 프랑스에서 돌연 '개인의 안전'에 관한 공포가 분출한 1970년대 중반까지 계속 줄어들었다. 그러나 로베르의 견해에 따르면 분출한 것은 '지연 신관 폭탄'일 뿐이었다. 안전에 대한 폭발적인 우려는 사회 국가가 제공하던 집단 보험이 느리지만 꾸준히 감축되고 노동 시장에 대한 규제가 급속히 철폐됨에 따라 이미 축적되어 있었다. '안전에 대한 위협'이라는 새로운 역할을 맡게 된 이주자들은 사회적 지위의 갑작스러운 동요와 취약성으로 인해 발생한 우려의 눈길을 돌리기 위한 편리한 대안적 초점이 되었으며, 그리하여 그러한 우려가 초래할 수밖에 없는 근심과 분노를 발산할 비교적 안전한 출구가 되었다.[19)]

알브레히트Hans-Jörg Albrecht의 견해에 따르면 변한 것은 이주를 점증하는 폭력과 안전에 대한 두려움에 관한 대중적 동요와 결부시킨 것뿐이다. 현대 국가의 태동 이래 변한 것은 그다지 많지 않다 — 과거 사방에 만연한 안전에 대한 두려움을 '흡수하던' 민담 속의 악마와 악령의 이미지들은 '위험과 리스크로 변형되었다.'

> 악마화는 '위험화'라는 관념과 전략으로 대체되어왔다. 따라서 정치적 지배는 부분적으로는 안전하다는 느낌의 동원 그리고 부분적으로는 일탈적인 타자에 의존하게 되었다. 오늘날 정치 권력과 정치 권력의 수립만이 아니라 보존까지도 신중하게 선택된 선거 운동의 쟁점에 의존하고 있는데, 그중 안전(그리고 불안감)이 가장 중요한 자리를 차지하고 있다.[20]

주목할만한 점은 이주자들이 다른 어떤 범주의 악당들(실제이든 억측이든)보다 더 그러한 목적에 잘 부합한다는 것이다. 이주자들(지구의 저 먼 곳으로부터 '우리 자신의 뒷마당'으로 내던져진 인간 쓰레기)과 우리가 겪은, 국내에서 발생한 공포 중 가장 견디기 힘든 공포 사이에는 일종의 '친화력'이 있다. 모든 자리와 지위가 불안정하게 느껴지고 더이상 믿음직하지 않을 때 이주자들을 보는 것은 상처에 소금을 뿌리는 격이 된다. 이주자들 — 특히 갓 도착한 이주자들 — 은 희미한 쓰레기장 냄새를 풍기는데, 이 냄새는 점증하고 있는 취약성의 잠재적인 희생자들을 다양한 형태의 악몽으로 괴롭히고 있다. 그들을 비방하는 사람들과 미워하는 사람들에게 이주자들은 말로 표현할 수는 없으나 굉장히 아프고 고통스러운 예감, 자신들도 장차 일회용 쓰레기로 버려지리라는 예감을 체현하고 있는 존재 — 보고 만질 수 있는 육체 — 이다. 문을 두드리는 이주자가 하나도 없다면 만들어내기라도 해야 한다고 말하고 싶을 정도이다……. 실로 그들은 이상적인 '일탈적인 타자', '신중하게 선택된 선거 운동의 쟁점'이 겨냥하는 가장 좋은 표적을 정부에 제공해주고 있다.

통제하기는커녕 저항할 수도 없는 지구화의 힘에 의해 주권에 기초한 특권과 역량의 상당 부분을 박탈당한 정부는 별 수 없이 자신이 (짐작하기에는) 압도할 수 있는 표적을 '신중하게 선택'해 수사적修辭的 공격을 퍼붓고 힘으로 제압하면서 국민들이 감사한 마음으로 그것을 보고 듣도록 하는 방법만을 강구할 수밖에 없게 된다. 크로포드Adam Crawford는 이를 다음과 같이 설명하고 있다.

> '공동체의 안전'은 '삶의 질'이라는 쟁점과 관련되는 한 안전과 '존재론적 불안전성'에 관한 우려로 점철되어 있다. 그것은 범죄, 혼란, 무질서를 없앨 '해결책'을 요청하며, 그리하여 (지역적인) 국가가 일정한 주권을 다시 행사할 수 있도록 해준다. 상징적인 측면에서 그것은 특정한 영토에 대한 가시적이고 명백한 통제권을 재확인시켜준다 …… 오늘날 정부가 사소한 범죄, 무질서, 반사회적 행동에 몰두하는 것은 불확실한 세상에서 그나마 특정한 '불안'에 대해 무언가 대처할 수 있음을 반영하는 것이다.[21]

그리고 우리 시대의 (지구화 시대를 맞아 국민 국가에서 지방 국가로 역할을 바꾼) 정부는 '주권을 행사할 수 있는 활동 영역을 모색' 하면서[22] 대중적으로 설득력 있게 지금까지는 그렇게 해왔다는 것을 과시하고 있다.

섣부른 연관을 짓는 것은, 특히 그러한 연관성이 지겨울 정도로 단조롭게 그리고 귀청이 떨어질 정도로 시끄럽게 강요되는 경우 어설픈 것이 될 수도 있다. 그러한 연관성은 또한 마찬가지 이유로 시간이 지남에 따라 자명한 듯이 보이므로 더이상 증명할 필요조차 없게 될 수도 있다. 우리는 흄(David Hume)의 경고에 따라 '*post hoc*(혹은 이 경우라면 *apud hoc*) *non est propter hoc*'[23]이라고 주장할 수도 있지만 또한 그렇다고 해도 흄에 따르면 그러한 진리의 역을 주장하는 것이야말로 가장 흔하면서도 뿌리 뽑기 어려운 오류이다. 테러리스트를 망명자 그리고 '경제 이주자'들과 연관짓는 것은 과잉일반화이거나 전혀 뒷받침될 수 없거나 심지어 허황된 것이었을지도 모르지만 그러한 연관지음은 자기 할 일을 다 했다. 즉 한때 동정심을 촉발하고 기꺼이 도와주고 싶은 마음을 불러일으키던 '망명자'라는 존재는 훼손되고 더럽혀지고 있는 반면 한때 문명 사회의 시민적 자긍심을 대변하던 '망명'이란 개념 자체가 수치스러운 순진함과 범죄적 무책임성이 조합된 끔찍한 것으로 재분류되고 있다. 사악하고 유해하며 질병을 옮기는 '망명자들'에게 자리를 내주기 위해 1면 기사로부터 물러난 '경제 이주자'의 경우 지배적인 신자유주의의 신조가 신성시하며 만인의 행동 규범으로서 장려하고 있는 바(즉 '진보와 번영, 개인의 책임, 위험을 감수할 태세 등')를 이들이 모두 체현하고 있다 — 부렌(Jelle van Buuren이 지적하고 있는 대로[24] — 는 사실은 이들의 이미지를 개선하는 데 도움이 되지 못했다. 그들은 이미 사악하고 꼴사나운 습관과 신조를 고집하는 '기식자'로 비난받고 있기 때문에 아무리 노력해도 이제는 '그들 같은 사람들' — 전세계적으로 흘러나오고 있는 인간 쓰레기의 표착 화물과 표류 화물들 — 이 테러 음모의 주역이라는 도매금의 비난을 떨쳐버릴 수 없다. 이것이 바로 이미 위에서 암시된 바와 같이 폐기된 인간, 특히 부유한 나라의 해안에 상륙하는 데 성공한 폐기된 인간들에게 부여된 새로운 용도이다.

부지런히 텔레비전을 보거나 신문을 읽는 사람들은 지금쯤 눈치챘겠지만 망명자는 테러리스트들과 함께 1면 헤드라인과 뉴스의 머리기사 대부분을 차지하고 있는 반면 '경제 이주자'는 사실상 대중의 시야에서 사라졌다. 그리고 망명자와 테러리스트들의 끔찍한 결합을 가지고 온갖 야단법석을 떠는 사이에 경제 이주자들은 부지불식간에 눈앞에서 사라졌다. 호출 부호는 바뀌었지만 그것이 불러일으키는 감정과 태도는 달라지지 않았다고 해석해볼 수도 있을 것이다. '경제 이주자'와 '망명자'의 이미지는 둘 다 '폐기된 인간'을 상징하며, 이 둘 가운데 어느 쪽을 이용해 분노와 노여움을 불러일으키든 분노의 대상, 즉 화풀이를 할 상대방은 크게 다르지 않다. 그러한 행위의 목적 또한 다르지 않다. 지구화되는 세상에서 '내부'와 '외부' 사이의 공허한 구분 — 그다지 존중받지 못하고 주기적으로 파괴되는 — 을 수호하기 위해 곰팡이가 슬고 부식되는 벽을 강화(보수? 신축?)하는 것이 그것이다.

이 두 가지의 '폐기된 인간들' 사이의 유일한 차이는 망명자는 통상 질서 설계와 구축의 열정이 차곡차곡 쌓여 생긴 생산물인 반면 경제적 이주자는 이미 말한 대로 이제는 지구 전체를 포괄하게 된 경제적 현대화의 부산물이라는 것뿐이다. 이 두 가지 종류의 '인간 쓰레기'의 기원들은 현재 전세계에 퍼져 있다. 하지만 문제의 뿌리를 효과적으로 뽑기 위한 능력과 의지가 있는 전지구적 기관이 없는 상황에서 전지구적인 쓰레기 처리 그리고/또는 재활용 문제를 지역적으로 해결할 수 있는 방안을 찾으려는 치열한 모색이 벌어지고 있는 것은 놀랄 만한 일이 아니다.

세계가 현재 상태 그대로 유지되는 데 기여할 수 있는 인간 쓰레기의 또다른 유용한 기능이 있다.

피난민, 추방자, 망명자, 이주자, 불법 체류자, 그들은 지구화의 쓰레기이다. 그러나 이들만이 우리 시대에 끊임없이 불어나고 있는 쓰레기는 아니다. 현대적 생산이 이루어지기 시작할 때부터 수반된 '전통적인' 산업 쓰레기도 있다. 이 산업 쓰레기의 처리는 대동소이한 이유로 인간 쓰레기 처리보다 결코 만만치 않으며 훨씬 더 소름끼치는 문제를 제기한다. 소비 사회의 대안이 될 수 있는 기존의 다른 삶의 형태를 모두 짓밟으면서 이미 '만원인' 지구의 구석구석까지 퍼져나가는 경제적 진보가 그것이다.

칼비노 소설 속의 레오니아 주민들과 마찬가지로 소비 사회의 소비자들은 쓰레기 수거인들을 — 이들은 아주 많으며, 또한 이미 쓰레기 더미 속으로 던져진 것들을 만지고 다루는 걸 꺼려하지도 않는다 — 필요로 하지만 소비자들 본인은 쓰레기 수거 일을 하려고 들지 않는다. 어찌됐든 그들은 고생하기보다는 즐기도록 길러진 것이다. 그들은 권태로움과 고됨과 지루한 오락에 분개하도록 교육받았다. 그들은 본인들이 하던 일을 대신해줄 도구를 찾도록 훈련받았다. 그들은 바로 쓸 수 있는 상품의 세계로, 즉석에서 만족감을 얻는 세계로 정신이 향하도록 조정되어 있다. 바로 이것이 소비 생활의 기쁨인 것이다. 바로 그것이 소비주의가 표상하는 것이다 — 이는 더럽거나 고되거나 진저리나거나 그저 재미없는 '즐겁지 않은' 일들을 하는 것은 전혀 포함하지 않는다. 소비주의가 일련의 연속적인 승리를 거둠에 따라 쓰레기 수거인의 필요성은 증대하지만 쓰레기 수거인이 되려는 사람의 수는 줄어든다.

이미 소멸될 운명에 처해 있는 전통적이고 억지로 평가절하된 생활 방식을 유지하고 있는 사람들, 즉 폐기될 쓰레기로 분류된 사람들은 선택하는 자가 될 수 없다. 밤이 되면 꿈속에서 소비자 행세를 할 수도 있겠지만 이들의 낮을 지배하는 것은 소비자의 환락이 아니라 물리적 생존이다. 그리하여 인간 폐품과 소비자들의 향연에서 나온 폐품들이 만날 수 있는 무대가 마련되는데, 실로 둘은 잘 어울리는 것 같다……. 자유 경쟁과 평등한 거래의 화려한 막 뒤에는 **위계적 인간**^{homo} ^{hierarchicus}이 여전히 머무르고 있다. 카스트 사회에서는 오직 불가촉천민만이 불가촉의 물건들을 다룰 수 있고 또 다뤄야 한다. 전지구적인 자유와 평등의 세계에서도 땅과 사람은 카스트의 위계에 따라 배열되어 있다.

샤비$^{Rachel\ Shabi}$는 환경 운동가 퍼킷$^{Jim\ Puckett}$의 말을 인용하고 있다. '유독성 폐기물[쓰레기]은 늘 가장 저항이 적은 경제적 경로를 따라 흘러내릴 것이다.' 전자제품 쓰레기장으로 바뀐 중국의 한 마을인 구이유에서는 경제적 진보라는 차량에서 떨어진 (또는 내던져진) 전직 농부들이 거주하는 인도, 베트남, 싱가포르나 파키스탄의 수많은 다른 지역들처럼 서양의 전자제품 쓰레기가 '재활용' 된다.

> 버려진 플라스틱은 태워져 오염된 잿더미를 만들거나 다른 산업 쓰레기들과 함께 강이나 용수로나 들판에 버려진다. 이는 원시적이며 위험한 일이다. 유독성 폐기물[쓰레기]은 피부와 폐 속으로 스며들고 땅과 물로 확산된다. 구이유의 토지는 납을 위험 수치의 200배나 함유하고 있고, 식수에 포함된 납은 세계보건당국 허용치

의 2,400배나 된다.[25)]

영국에서 생산되는 전자제품 쓰레기는 매년 약 백만 톤에 이르는데, 2010년에는 이것의 2배가 될 것으로 예상된다. 얼마 전까지만 해도 전자제품은 가장 가치 있고 오래 쓰는 소장품 중의 하나였지만 지금은 금방 버릴 수 있는 물건, 본래 금방 버릴 것을 예상하고 만든 물건, 빨리 버릴 물건 중에서도 으뜸이 되었다. 마케팅 회사들은 제품을 금세 구식으로 만들기 위해 애쓰며, '끊임없이 상품들에 구형이란 딱지를 붙이고, 유행에 못 따라가면 당신 자신도 구형 인간으로 분류될 것이라는 인상'을 심어준다. IT 재활용 회사의 이사인 워커 David Walker는 '펜티엄 II 이하의 저사양 컴퓨터는 자선단체조차 원하지 않는다'고 불평하고 있다. 재정이 취약한 국내의 자선단체나 갓 출범한 국제 자선단체조차 꺼릴 정도로 낮은 수준으로 격하된 인간들이 점점 더 많이 필요하게 되는 것도 당연하다. 그리고 인간 쓰레기 생산 기지들의 협력 덕분에 이들을 쉽게 찾아볼 수 있게 되었다. 구이유에는 그런 사람들이 10만 명이나 있는데, 이들 남녀노소는 하루 종일 일해서 94펜스를 벌고 있다.

위의 정보는 광택지로 찍은 『가디언』지의 주말판 36쪽과 39쪽에서 수집한 것이다. 이 두 페이지 사이에는 뛰어난 기능을 자랑하며 반짝반짝 빛나고 있는 세탁기 전면 광고가 유혹하듯 수록되어 있는데, 거기에는 다음과 같은 거대한 광고

문안이 딸려 있다. '이보다 더 좋은 세탁기가 있다는 말은 거짓말이다.' 아마 그럴지도 모른다. 그러나 만약 누군가가 이 광고에 나오는 세탁기(광고에서 말하듯이 당신이 좋아하는 세탁 프로그램까지 기억하는)는 더 좋은 신형 세탁기가 광고된 뒤에도 오랫동안 당신에게 소중한 물건으로 남아 있을 것이라고 말한다면 그것 역시 거짓말이다.

그러나 모든 산업 쓰레기와 생활 쓰레기, 인간 쓰레기가 돈 몇 푼만 받고 위험하고 더러운 쓰레기 처리 작업을 하는 먼 지역으로 실어갈 수 있는 것은 아니다. 물질적 쓰레기와 인간 쓰레기가 자기 나라 가까이에서 만나도록 조정할 수도 있다(실제로 그렇게 하고 있다). 클라인$^{Naomi\ Klein}$에 따르면 점점 더 인기를 얻고 있는 해결책(유럽 연합이 선도했으나 곧 미국이 뒤따른)은 '다층적 지역 요새'이다.

> 요새화된 대륙이란 다른 나라들로부터 유리한 무역 조건을 얻어내기 위해 연합한 국가들의 블록으로서, 그러한 다른 나라들로부터의 인구 유입을 막기 위해 해당 국가들의 국경선을 순찰한다. 그러나 어떤 대륙이 진정 요새가 되려면 동시에 그 블록의 방벽 안에 가난한 나라를 한두 개는 받아들여야 하는데, 왜냐하면 누군가는 더럽고 힘든 일을 해야 하기 때문이다.[26]

요새화된 미국 — 북미자유무역협정^{NAFTA}을 통해 캐나다와 멕시코까지 내부 시장으로 확대 통합한(클라인의 지적에 따르면 '석유 다음으로' 미국의 '서남부 경제를 이끄는 연료는 이주 노동이다' — 은 2001년 7월 '남부 계획Plan Sur'에 의해 보완되었는데, 이 계획에 따라 멕시코 정부는 자국의 남쪽 국경선에 대규모 경찰력을 투입해 빈곤한 인간 쓰레기들이 남미 국가들로부터 미국으로 유입되는 것을 효과적으로 차단하는 책임을 지게 되었다. 이후 수십만 명의 이주자들이 미국 국경에 도달하기도 전에 멕시코 경찰에 의해 가로막히고 감금되고 추방되었다. 한편 요새화된 유럽에 관해 말하자면

> 폴란드, 불가리아, 헝가리, 체코 공화국은 포스트모던한 농노로서 저임금 공장에서 의류, 전자제품, 자동차를 서유럽의 20~25%밖에 안 되는 비용으로 생산하고 있다.

요새화된 대륙들 내부에서는 국경을 물샐틈없이 지키는 것과 무슨 일거리든 기꺼이 받아들이는 값싸고 요구가 많지 않고 유순한 노동력을 쉽게 얻는 것이라는, 현저하게 모순되지만 그만큼 중요한 두 가지 조건 사이에서 균형을 잡기 위해 '새로운 사회 위계'가 형성되었다. 다시 말해 자유 무역이라는 조건과 반이주 정서에 영합할 필요성 사이에서 균형을 잡기 위해 말이다. '어떻게 사업에는 문을 열고 사람에는 문을 닫을 수 있는가?'라고 클라인은 묻는다. 대답은 '쉽다. 먼저 경계선을 확대한 다음 문을 걸어잠그면 된다'.

3

|

각각의 쓰레기는 각각의 처리장으로
지구화가 만들어낸 쓰레기

지구 전역에서 승리를 구가 중인 경제 발전 때문에 생겨난 인간 희생자들이 현재 떠맡고 있는 몇 가지 기능에 대해 지금까지 논해보았다. 지구 전역을 떠돌아다니며 먹고살 것이 있는 곳에 정착하기 위해 기를 쓰고 있는 이들은 사방에 만연해 있는 사회적 잉여에 대한 두려움에 의해 촉발된 불안감을 해소시킬 수 있는 편리한 표적이 되고 있다. 이 과정에서 이들은 정부가 손상되고 약화되고 있는 권위를 다시 행사하는 데 써먹기 위해 동원된다. 이들이 하는 다른 유용한 기능들에 대해서도 간략하게나마 언급했다. 이들이 보유하고 있는 그러한 '잠재적 기능들'(머튼Robert Merton의 용어를 빌리자면)은 '이주자 문제'에 대한 효과적인 해결책을 거의 불가능하게 만든다는 점도 지적했다.

또다른 기능 하나가 베르나르François de Bernard에 의해 철저히 검토된 바 있다. 변덕스러운 지구화 과정 — 여전히 통제되지 않고 제멋대로 날뛰고 있는 — 이 초래하는 가장 극적이면서 잠재적으로 불길한 결과는, 그의 견해에 따르면 갈수록 심해지는 '지구의 범죄화와 범죄의 지구화'이다.[1] 날마다 소유자가 바뀌는 수십억 달러, 파운드, 유로의 상당 부분은 범죄자들로부터 나와서 범죄자들에게 돌아간다. '이처럼 마피아 수가 많고, 강력하고, 잘 무장되고, 번창한 적은 이제껏 없었다.' 대부분의 정치 권력은 범죄 세력과 싸울 수도 없고 싸우려고 하지도 않는다. 어느 정부도, 단독으로든 아니면 때로는 공동으로든 이러한 범죄 세력이 보유한 자원에 맞설 수 없다. 이것이 바로, 베르나르가 보기에는, 사실상 지게 되어 있는데도 무한한 자원만 소모될 것이 분명하고 끝없이 질질 끌기 쉬운 싸움을 벌이는 것보다 사소한 범죄에 대한 대중의 증오심을 유발하는 것을 정부가 더 좋아하는 이유 중의 하나이다. 교외 지역의 불운한 이주자들과 망명자 수용소에서 공공의 적 제1호를 찾는 것이 훨씬 더 시의적절하고 편리하며, 무엇보다도 문제의 소지가 적다. 소매치기와 노상 강도로 돌변할 수 있는 사람들이 들끓고 있는 이주자 구역은 정부가 대대적으로 홍보하며 강력하게 벌이는 법과 질서를 수호하는 위대한 전쟁의 싸움터로 아주 효과적이면서도 비용을 덜 들이고 이용될 수 있다. 정부는 한편으로 이러한 역할을 민간 경비 회사와 시민 운동에 '하청을 주고' 임대하는 것도 꺼리지 않는다.

마피아들의 권력이 정확히 얼마나 넓고 깊게 퍼져 있는지, 그리고 범죄 거래량이 정확히 얼마나 되는지를 평가하기는 대단히 어려우며 아마 불가능할 수도 있을 것이다. 이유는 아주 간단하다. '빅브라더'가 '당신을 감시하기 위해' 배치할 수 있는 장비의 은밀함과 정확성은 오웰George Orwell의 시대 이래 엄청나게 증가했지만 어떤 '빅브라더'도 마피아가 활동하면서 필요하면 언제든지 숨을 수 있는 지구적 공간은 지켜보고 있지 않기 때문이다. 그러한 공간은 정치적 주권을 할당하고 주장할 때 여전히 강제되고 준수되는 영토권의 기준으로 보면 명백히 치외법권 지역으로서, 본질적으로 '정치로부터 자유로운 지역'이다. 로티는 1996년에 '지구화의 핵심적인 사태'에 대해 다음과 같이 지적했다.

> 국민 국가의 시민들이 처한 경제적 상황은 일국의 법이 통제할 수 있는 범위를 넘어섰다 …… 브라질이나 미국의 법에는 자국에서 번 돈은 자국에서 써야 한다거나 자국에서 저축한 돈은 자국에서 투자해야 한다고 강제할 수 있는 수단이 없다 …… 이제 모든 개별 국가의 입법부로부터 그리고 당연히 모든 개별 국가의 유권자의 뜻으로부터 완전히 독립해 모든 주요한 경제적 결정을 내리는 세계적 상류 계급이 등장한 것이다 …… 세계적 정치체가 존재하지 않으므로 슈퍼 부자들은 본인들의 이익 외에 다른 아무것도 생각하지 않고 활동할 수 있다.[2]

하지만 만약 이것이 '지구화의 핵심적인 사태'라면 진짜 문제는 베르나르가 주장하는 '범죄의 지구화'가 아니라 '합법'과 '불법' 사이의 구분 — 오직 집행력과 구속력이 있는 법으로만 나눌 수 있는 — 이 사라진 것이다. 전지구적 법 중 우리가 위반해도 좋은 법 같은 것은 존재하지 않는다. 그리고 현재 시행 중인 전지구적 법 중 마피아 스타일의 범죄 활동을 '정상적인 사업 활동'과 구분할 수 있는 것은 없다. 전지구적인 구속력을 가진 게임의 규칙을 도입 — 그러한 규칙을 실제로 구속력 있게 시행하려고 시도하는 것은 논외로 하더라도 — 할 수 있는 전지구적 정치체 역시 어떤 모습으로든 어떤 형태로든 존재하지 않는다. 전지구적 공간에서 규칙들은 사태가 전개되는 와중에 정립되고 폐기되며, 그러한 규칙의 유지 여부를 결정하는 것은 더 강하고, 능란하고, 재빠르고, 자원이 많고, 덜 양심적인 사람들이다. 이 전지구적인 '흐름 공간'(카스텔Manuel Castells의 표현)에서 법이라는 관념은 데리다 Jacques Derrida가 말하는 (탈중심적) 단절*sous rupture* 상태로만 전개될 수 있다. 토이브너Gunther Teubner와 뵈켄푀르데Ernst-Wolfgang Böckenförde를 인용하면서[3) 브룬크호르스트는 우리가 현대의 국민 국가에서 시행되리라고 기대해왔던 법과는 다른 이 이상한 '전지구적 법'에 대해 이렇게 지적하고 있다.

> 정치와는 멀리 떨어져 있으며, 헌법적 형태도 없고, 민주주의도 없고, 아래로부터의 위계도 없고, 부단한 연쇄로 이어지는 민주적 정

당화도 없다.

이것은 '통치자 없는 통치'다. '전지구적 법'으로 통할 수 있는 어떤 법이든

> 법정에서는 쓰일 수 없으며, 극히 희소한 경우에만 적용된다. 고대 로마의 시민법과 유사하게 국제법의 적용은 그러한 법을 적용할 수 있는 **힘**을 가진 자들의 뜻에 달려 있다.[4]

다른 모든 사람들 — 하위 파트너와 군소 행위자 — 은 강자의 비위를 맞추는 수밖에 없다. 전지구적 '법제도'는 기껏해야 시혜를 베푸는 자와 졸개의 관계로 구성되어 있고, 현재로서는 (이론상으로는 아니더라도 현실에서는) 특권을 가진 자와 권리를 박탈당한 자가 임시변통으로 짜맞추어진 모습을 보여주고 있을 뿐이다. 법의 보호를 받을 권리를 분배 — 감질나게, 그리고 자기들의 독점 상태를 유지하는 데 신경 쓰면서 — 하는 것은 가장 강력한 행위자들이다. 국민 국가가 감독하고 관리하는 법적 구조들 사이의 틈새에서 국제적인 마피아들이 활동한다는 것은 아니다. 그보다는 오히려 일단 유효한 법적 제약에서 벗어나 오직 현재의 권력의 우열에만 의존하게 되면 지구적 공간의 모든 활동은 지금까지는 마피아와 연관되었거나 마피아식으로 타락한 법치와 연관되었던 방식으로 이루어진다(의도적으로든 자연스럽게든)는 것이다.

그리하여 불안이 나타난다. 이 불안은 상실감과 불운의 고통스러운 경험에 의해 조성된다. 우리만 그런 게 아니며, **누구도** 통제할 수 없고, 누구도 내막을 모른다. 언제 어디서 다음번 재난이 닥칠지, 파장은 어디까지 미칠지, 그러한 격변이 얼마나 치명적일지 알 도리가 없다. 불확실성과 그로 인해 생긴 괴로움은 지구화의 주요 산물이다. 국가 권력은 불확실성을 박살내기는 고사하고 진정시키기도 힘들다. 국가 권력이 할 수 있는 일이라곤 기껏해야 불안의 초점을 손에 닿는 대상으로 다시 맞추는 것뿐이다. 손을 쓸 수 없는 대상으로부터 적어도 그들이 다루고 통제하는 척이라도 할 수 있는 대상으로 초점을 옮기는 것이다. 피난민, 망명자, 이주자 — 지구화가 생산한 쓰레기 — 는 이러한 조건에 완벽히 들어맞는다.

이미 다른 글[5]에서 주장한 대로 '저 먼 곳'에서 와서 우리 이웃에 정착하려고 하는 피난민과 이주자들은 '전지구적 힘들'의 유령으로서 화형식에 바쳐질 안성맞춤의 제물이다. 일을 하면서 그러한 일의 결과에 영향을 받기 마련인 사람들과 상의하지 않는다는 이유로 공포와 분노의 대상이 되는 것이다. 결국 망명자와 '경제적 이주자'들은 지구화된 세계에 등장한 새로운 파워 엘리트의 집합적 복제상(분신? 여행의 동반자? 거울상? 캐리커처?)이며, 많은 사람들에게서 (그럴만한 이유로) 진짜 악당이라는 의심을 받는다. 앞의 엘리트들과 마찬가지로 이들 역시 어느 곳에도 묶여 있지 않고, 잔꾀에 능하고, 예측을 불허한다. 앞의 엘리트들과 마찬가지로 이들도 오늘날 인간이 처한 불확실한 상황의 근원인 가늠할 수 없는 '흐름공간'의 축도이다. 다른, 보다 적당한 배출구를 헛되이 찾아 헤매던 공포와 불안은 가까이 있는 표적으로 옮겨가고, '곁에 있는 외국인'에 대한 대중의 분노와 공포로 다시 출현한다. 불확실성은 치외법권의 또다른 화신인 전지구적 엘리트 ─ 인간의 통제가 못 미치는 곳에서 떠도는 ─ 에 직접 대항한다고 해서 해소되거나 사라질 수 있는 것이 아니다. 그런 엘리트들은 어디에 있는지 정확히 안다고 해도 (사실은 알지도 못하지만) 대항하거나 정면으로 도전하기에는 너무 강력한 존재들이다. 이와 달리 피난민들은 잉여로 인한 괴로움이 겨냥할 수 있는 분명히 드러나 있고 움직이지 않는 표적이다.

한 가지 덧붙이자면 '외부인들' ─ 현대(성)의 전지구적 승리에서 생긴 쓰레기, 그러나 또한 새롭게 출현하고 있는 전지구적인 무질서에서 생긴 쓰레기 ─ 의 유입에 직면했을 때 '기득권자'(엘리아스$^{Norbert\ Elias}$의 유명한 용어)들이 위협을 느끼는 것은 당연하다. 이 특정한 외부인들, 즉 피난민들은 '우리 가운데 있는 이방인' 모두가 체현하고 있는 '미지의 거대한 세력'을 표상할 뿐만 아니라 전쟁의 희미한 소음과 약탈당한 집과 불탄 마을의 악취를 우리 곁으로 가져온다. 그것들은 안전하고 친숙한 (친숙하기 **때문에** 안전한) 일상을 감싼 고치가 얼마나 쉽게 구멍 나고 으깨질 수 있는지, 정착지의 안전이 얼마나 믿을 수 없는 것인지를 정착민들에게 상기시킨다. 피난민은, 브레히트$^{Bertolt\ Brecht}$가 「망명 풍경$^{Die\ Landschaft\ des}$

Exils」에서 지적했듯이, '나쁜 소식의 전조'이다.

　되돌아보면 전후 복구, 사회 협약 그리고 (식민지 체제의 해체와 무수한 '신생국'의 출범에 수반된) 발전에 대한 낙관주의로 대변되는 '영광의 30년' 시기와, 경계의 소멸이나 균열, 정보의 홍수, 광포한 지구화 그리고 부유한 북부의 소비자 향연과 '세계의 나머지 지역 상당 부분의 깊어가는 좌절감과 배제감'(한 쪽의 엄청난 부와 다른 쪽의 궁핍에서 오는)으로 대변되는 멋진 신세계가 등장한 시기를 나누는 10년의 기간에 현대사의 진정한 분수령이 있었음을 알 수 있다.[6] 이 10년 동안 삶의 도전에 직면하게 된 사람들의 환경은 은밀하지만 근본적으로 변했고, 기존의 삶의 지혜는 효력을 잃었고, 삶의 전략을 철저히 수정하고 정밀하게 검토할 필요성이 나타났다.

　우리는 아직 그처럼 거대한 전환의 깊이를 완전히 재보지 못했다. 노력이 부족해서가 아니다. 그러한 전환이 아주 가까운 과거에 일어났음을 고려할 때 발견과 판단은 모두 부분적인 것이며 종합적으로 내린 결론은 모두 잠정적인 것으로 간주하는 것이 바람직하다. 시간이 지남에 따라 새로운 현실의 층이 잇따라 우리 시야에 등장하는데, 새로운 층이 등장할 때마다 과거로부터 전수된 신념과 우리가 사용하는 개념의 그물을 과거의 것보다 더욱 깊고 포괄적으로 수정 — 각각의 현실의 층을 세밀히 조사하고 중요성을 밝히기 위해 ― 할 필요가 있다. 우리는 맨 밑바닥 층에 아직 도달하지 못했다. 하지만 도달했더라도 정말 도달했는지 판단할 수는 없을 것이다.

그러한 전환이 초래한 숙명적인 양상 중의 하나는 비교적 일찍 밝혀졌고, 이후 철저하게 기록되었다. 공동체 전체를 포괄하는 '사회 국가' 모델로부터 배제적인 '형사 사법', '형벌' 또는 '범죄 통제' 국가로의 전환이 그것이다. 예를 들어 갈런드David Garland는 다음과 같이 지적하고 있다.

> 강조점이 복지로부터 형벌 양식으로 현저하게 이동했다 …… 형벌 양식은 훨씬 더 현시적으로 되었을 뿐만 아니라 한층 더 응보적이고, 훨씬 더 노골적이고, 훨씬 더 안전 지향적으로 되었다 …… 복지 양식은 훨씬 더 묵시적이 되었을 뿐만 아니라 한층 더 조건적이고, 훨씬 더 범죄 중심적이고, 훨씬 더 위험 고려적으로 되었다…….
>
> 범죄자들은 …… 현재 공적인 담론에서 점점 더 지원이 필요한 사회적 박탈 계층으로 묘사되지 않는 경향이 있다. 그들은 대신 비난받아 마땅하고 주의를 기울일 가치가 없고 다소 위험한 개인으로 묘사된다.[7]

와캉Loïc Wacquant은 '국가 사명의 재규정'에 주목한다. 국가는 경제적 영역으로부터 물러나 자신의 사회적 역할을 형사

적 개입의 확대와 강화로 축소시킬 필요성을 주장한다.[8]

헤데토프트Ulf Hedetoft는 20~30년 전에 있었던 전환의 동일한 측면을 다른 각도에서 설명한다(또는 동일한 전환의, 밀접하게 관련되어 있지만 또다른 측면을 설명하는 것일 수도 있다). 그는 이전 어느 때보다 더 '우리와 그들 사이의 경계가 한층 더 엄격하게 다시 그어지고 있다는' 점에 주목하고 있다. 앤드리어스Peter Andreas와 스나이더Timothy Snyder의 주장[9]을 이어받아 헤데토프트가 시사하는 바에 따르면 그러한 경계선 형태들은 점점 더 선택적으로 되고 팽창하고 다양화되고 확산될 뿐만 아니라 '비대칭적 세포막'이라고 부를 수 있는 것으로 변화해서 나가는 것은 허용하되 '다른 편에서 원치 않는 것이 들어오는 것은 막는' 존재가 된다.

> 외부 경계선들에 대한 통제 조처를 강화하는 것만큼 '남부'의 이주자 유출국에서 비자 발급을 더 엄격하게 하는 것도 중요하다 …… 경계선은 경계선 통제가 전통적인 장소에서만 이루어지지 않음에 따라 다양화되었다 …… 경계선 통제는 공항, 대사관과 영사관, 망명자 센터 등에서 그리고 서로 다른 나라의 경찰과 이주 당국 사이의 협력을 강화함으로써 가상 공간에서도 이루어지게 되었다.[10]

헤데토프트의 주장을 바로 증명이라도 하듯 블레어Tony Blair 영국 총리는 뤼버르스Ruud Lubbers 유엔 난민고등판무관과 만난

자리에서 장래의 망명자들을 위한 '안전한 피난처'를 **그들의 출신국 인근에**, 즉 최근까지 이들의 자연스런 목적지였던 영국과 그 밖의 다른 부유한 나라들로부터 안전 거리에 놓인 곳에 설치할 것을 제안했다. '거대한 전환' 이후 전형적인 것이 된 모호한 관료적 표현을 이용해 블렁킷 내무부 장관은 블레어/뤼버르스 회담의 주제가 '망명 제도를 서방 국가로 가기 위한 수단으로 이용하는 사람들이 선진국에 제기하는 새로운 도전'이라고 묘사했다(이처럼 모호한 관료적 표현을 이용한다면, 예컨대 구조 제도를 육지로 가기 위한 수단으로 이용하는 난파선 선원들이 정착민들에게 제기하는 도전에 대해 불평을 늘어놓을 수도 있을 것이다).

여기서 나타나고 있는 두 가지 경향은 단지 거의 강박증에 가까울 정도로 점증하고 있는 안전에 대한 우려를 표현하고 있는 두 가지 — 서로 밀접하게 관련된 — 방식일 수도 있다. 또는 이 두 가지 모두 영속적으로 존재하는 포괄주의적 경향과 배제주의적 경향 사이의 균형의 변화로 설명될 수도 있을 것이다. 아니면 각자 자기 논리에 따르고 있는 상호 무관한 현상들인지도 모른다. 그러나 이 두 경향의 직접적 원인이 무엇이든 뿌리는 동일하다는 것을 알 수 있다. 즉 **이제 지구상의 가장 먼 오지까지 이른 현대적 생활 방식의 전지구적 확산**이 그것이다. 이러한 확산은 '중심'과 '주변' 사이의 구분, 좀더 정확히 말하면 '현대적'(또는 '발전된') 생활 형태와 '전현대적'(혹은 '저발전의' 또는 '후진의') 생활 형태 사이의 구분을 없애버렸다 — 이러한 구분은 현대사의 상당 기간 — 전래된 방식들에 대한 현대적 정밀 검사가 상대적으로 협소한 (비록 계속 확대되었지만) 지구상의 영역에 한정되었던 시기 — 에 걸쳐 유지되었다. 그러한 영역이 상대적으로 협소한 상태로 남아 있는 한 그처럼 협소한 영역은 그에 따른 권력 차등 상태의 과열을 방지할 수 있는 안전 밸브로, 지구의 나머지 지역을 그처럼 협소한 영역의 지속적인 현대화로 인해 생기는 유해 폐기물의 처리장으로 이용할 수 있다.

그러나 지구는 지금 만원이다. 이것은 다른 무엇보다 질서 구축과 경제 발전 같은 전형적인 현대화 과정이 모든 곳에서 일어나고, 그에 따라 모든 곳에서 '인간 쓰레기'가 점점 더 많이 생산되지만 이번에는 그러한 쓰레기의 저장과 잠재적 재활용을 위해 필요한 '자연적' 쓰레기 처리장이 존재하지 않는다는 것을 의미한다. 룩셈부르크Rosa Luxemburg가 한 세기 전에 처음으로 예견했던 과정(사회적인 용어로 분명히 기술하기보다는 주로 경제적인 용어로 기술했지만)이 궁극적 한계에 도달한 것이다.

룩셈부르크에 따르면 자본주의는 '발전을 위한 환경으로 비자본주의적 사회 조직들을 필요'로 하지만 '자본주의 자체의 존속을 유일하게 보장할 수 있는 바로 그러한 조건을 먹어치움으로써 전진한다'.

비자본주의적 조직들은 자본주의를 위한 비옥한 토양을 제공한다.

자본은 이러한 조직의 잔해를 자양분으로 삼으며, 이러한 비자본주의적 환경이 축적을 위해 필수적이지만 그럼에도 불구하고 자본주의는 이러한 매개물을 먹어치우는 것을 대가로 전진한다.[11]

자기 꼬리를 먹고 사는 뱀……. 또는 최근에 고안된 신조어를 써먹자면 — 꼬리와 위장 사이의 거리가 뱀의 생존 기회를 위협할 정도로 짧아지고, 즐기기만 하다가는 자기를 파괴하고 말 것이라는 전망이 명백해졌을 때 — 벗겨먹을 새로운 자산을 끊임없이 요구하는 '자산 박탈asset stripping'은 조만간 공급분을 다 소진하게 되거나 아니면 공급을 자신의 존속을 위해 필요한 수준 이하로 감축해야 한다.

룩셈부르크는 식량 부족으로 죽어가는 자본주의, 즉 자기가 풀을 뜯던 '타자성otherness'의 마지막 목초지를 먹어치움으로써 붕괴하는 자본주의를 예견했다. 그로부터 백 년이 지난 지금 현대성의 전지구적 승리가 낳은 매우 치명적인, 아마도 가장 치명적인 결과는 인간 쓰레기 처리 산업의 첨예한 위기일 것이다. 인간 쓰레기의 생산량이 현존 처리 능력을 초과함에 따라 현재의 전지구적 현대성은 다시 흡수할 수도 없앨 수도 없는 자신의 쓰레기에 파묻혀 질식할 가능성이 높다. 급속하게 쌓여가고 있는 쓰레기의 독성이 급속하게 증가하고 있음을 알리는 징후가 무수히 나타나고 있다. 산업 쓰레기와 생활 쓰레기가 지구의 생태학적 균형과 인간 부양 능력에 미치는 섬뜩한 영향은 얼마 전부터 심각한 우려를 낳고 있다(논쟁에 따르는 행동은 별로 없었지만 말이다). 그러나 점증하고 있는 '폐기된 인간' 집단이 지구상의 인간 공존에 필요한 정치적 균형과 사회적 평형 상태에 미치는 장기적 영향을 분명하고 완전하게 파악하려면 아직 멀었다.

새로운 '지구의 만원 상태' — 현대화의 전지구적 확산과 그로 인한 현대적 생활 양식의 세계적 보급 — 는 앞서 간략히 언급한 두 가지의 직접적 결과를 낳는다.

첫번째 결과는 과거에는 지구상에서 고립적으로 존재한 얼마 되지 않는 현대화된 지역에서 배출되는 잉여 쓰레기(즉 재활용 업체들의 처리 능력을 넘는 쓰레기) — 현대적 생활 방식이 점점 더 대규모로 생산할 수밖에 없었던 — 를 정기적으로 때맞춰 비우고 청소하는 데 활용되던 배출구의 봉쇄이다. 일단 현대적 생활 양식이 더이상 선택된 지역들에서만 누리는 특권이 아니게 되자 인간 쓰레기 처리를 위한 주요한 배출구, 즉 '비어 있는' 또는 '누구의 소유도 아닌' 영토(보다 정확하게는 전지구적인 권력의 차별화 때문에 텅 비게 된 또는 주인 없는 곳으로 간주되고 취급된)는 사라졌다. 최근에 현대화라는 거대한 마차에 올라탔거나 그것에 짓눌린 지역들에서 등장한 '잉여 인간들'에게는 이러한 배출구가 존재한 적이 없다. 인간 쓰레기든 비인간 쓰레기든 쓰레기 문제와는 무관한 이른바 '전현대' 사회에서 쓰레기 배출구의 필요성은 제기되지 않았다. 이처럼 외부 배출구가 봉쇄되거나 제공되지 않은 결과 사회는 갈수록 배제적 행동의 칼날을 자기 자신에게 돌리게 된다.

만약 인구의 과잉분(즉 정상적인 생활 양식 속에 다시 통합되고 사회의 '유용한' 구성원이라는 범주로 다시 재처리될 수 없는 부분)이 주기적으로 경제적 균형과 사회적 평형이 추구되는 지역의 울타리 밖으로 옮겨지고 제거될 수 있다면 이러한 이송을 피해 울타리 안에 남아 있는 사람들은 설사 그들이 현재 잉여적 존재라 할지라도 재활용 딱지가 붙게 된다. 그들은 '퇴장' 조치를 받았지만 그것은 일시적일 뿐이다. 그들의 '퇴장 상태'는 치유될 필요가 있는 비정상 상태이다. 그들은 가능한 빨리 '재입장'할 수 있도록 도움을 받아야 한다. 그들은 '노동 예비군'으로서, 기회가 생기자마자 현업에 복귀할 수 있는 상태를 유지해야 한다.

하지만 잉여 인간의 배출 통로가 막히면 이 모든 상황이 달라진다. '잉여' 인구가 안에 남아 '쓸모 있고' '합법적인' 나머지 인구와 복닥거리는 동안 일시적 무능력과 확정적이고 최종적인 쓰레기화를 구분하는 선은 흐려지고 점점 더 알아볼 수 없게 된다. '쓰레기'로 지정되는 것은 이제 더이상 과거처럼 일부 분리된 인구만의 문제가 아니며 모든 사람의 잠재적 전망이 된다 — 즉 모든 사람의 현재와 미래의 사회적 신분이 왕복하게 될 양극 중의 하나가 되는 것이다. 이처럼 새로운 형태의 '쓰레기 문제'를 다루는 데 있어 전통적인 도구와 개입 전략만으로는 충분하지 않으며 딱히 알맞지도 않다. 오래된 문제의 새로운 형태에 대응하기 위해 조만간 고안될 새로운 정책은 과거의 형태의 문제를 다루기 위해 고안되었던 정책을 포섭하는 데서 출발할 가능성이 가장 높다. 실패할 경우의 위험성을 줄이기 위해 '내부의 쓰레기' 문제를 겨냥한 긴급 조치들이 과잉 그 자체의 문제에 관한 다른 개입 양식들 — 일시적이든 아니든 — 보다 선호되고, 조만간 그것에 우선권이 부여될 것이다.

이러한 부류의 좌절과 운명의 역전은 전례가 없던 현상인 '잉여 인구'와 그것의 처리 문제에 최근에야 직면하게 된 지역들에서 한층 더 증폭되고 첨예화되는 경향이 있다. 이 경우 '최근'은 너무 늦었다는 것을 의미한다. 즉 지구는 이미 만원이고, 쓰레기 처리장으로 쓸 '빈 땅'은 전혀 없고, 현대인들로 이루어진 가족에 새로운 구성원들이 들어오는 것을 가로막는 방향으로 경계선들의 비대칭성이 확고히 굳어졌다는 뜻이다. 그들 주변의 나라들은 그들의 잉여를 반기지 않을 것이며, 과거에 그들이 그러했던 것과는 달리 강제적으로 잉여를 수용하지도 않을 것이다. 이러한 '현대(성)의 후발 주자들'은 전지구적인 원인으로 인해 생긴 문제를 **지역적으로** 해결할 수밖에 없지만 성공할 가능성은 희박하다.

한때 가족이나 지역 공동체에서 하는 사업들이 신생 인구 전부를 흡수하고 고용하고 부양할 능력과 의지가 있었고, 대부분의 경우에 그들의 생존을 보장할 수 있었던 곳에서도 전지구적 압력에 굴복해 영토를 자본과 상품의 무제한적인 순환에 개방함에 따라 그러한 일들이 불가능하게 되었다. 이제서야 현대 사회에 진입하게 된 신참들은 사업과 가계의 분리를 경험하고 있다. 그러한 분리는 현대(성)의 선발 주자들이 수백 년 전에 겪었던 것으로서, 그들은 그에 수반하는 사회적 격변과 비참함도 맛보았지만 지역적으로 생산된 문제에 대한 지구적 해결책이라는 호사도 누릴 수 있었다. 가족과 지역 공동체의 제약에서 해방된 경제가 더이상 흡수할 수 없는 잉여 인구를 처리하는 데 쉽게 써먹을 수 있는 '비어 있는' '주인 없는 땅'이 많았던 것이다. 하지만 후발 주자들은 더이상 이러한 호사를 누릴 수 없다.

부족 간 전쟁과 학살, 그리고 부지런히 상대편 병사들을 죽이면서도 그 과정에서 '잉여 인구'(대개는 자기 고장에서 고용 가능성과 희망이 없는 젊은이들)를 흡수하고 소멸시키는 '게릴라군'(종종 위장도 제대로 안 한 산적떼와 다를 바 없는)의 확산 — 간단히 말해 '이웃 식민주의' 또는 '가난한 자의 제국주의' — 은 '현대성의 후발 주자들'이 강요에 의해 또는 자의로 시행하는 '전지구적 문제에 대한 지역적 해결책' 가운데 하나이다. 수십만 명이 고향에서 쫓겨나거나, 살해되거나, 살아 남기 위해 국경 밖으로 달아나야 했다.

아마 후발 주자 국가(우회적이고 기만적으로 '개발도상국'이라는 이름이 붙은)에서 유일하게 번창하는 산업은 피난민의 대량 생산뿐일 것이다. 이들은 영국 총리가 '그들의 출신국

인근에' 영구히 일시적인 수용소(우회적이고 기만적으로 '안전한 피난처'라는 별명이 붙여진) 형태로 설치할 것을 제안한 바로 그 산업에서 점점 더 대량으로 생산되는 생산품들이다. 그 결과 비슷한 산업을 마구잡이로 운영하고 있는 인접국들의 이미 관리 불가능한 '잉여 인구' 문제를 더욱 악화시키고 있다. 이러한 산업의 목표는 '지역적인 문제'를 지역적인 문제로 유지하는 것이며, 또한 후발 주자들이 현대성의 선발 주자의 전례를 좇아 지역적으로 빚어진 문제들에 대한 전지구적인 (그리고 유일하게 효과적인) 해결책을 찾으려는 모든 시도를 미연에 방지하는 것이다. 내가 이 글을 쓰는 동안 똑같은 주제의 또다른 변형이 나타났는데, 자국에 대한 임박한 공격을 예상한 터키가 이라크와의 국경을 봉쇄하는 것을 돕도록 군대를 동원해 달라고 나토에 요청한 것이다. 선발 주자 국가들의 많은 정치가들은 갖가지 가상적인 우려를 제기하면서 이에 반대했다 — 그러나 터키가 직면한 위험은 최근에 집을 잃은 이라크 피난민의 유입이지 난타당해 궤멸된 이라크 군인들의 공격이 아니라는 것을 공개적으로 언급한 사람은 한 명도 없었다.[12]

아무리 애써도 '경제 이주'의 물결을 저지하려는 노력은 완벽하게 성공하지 못하며, 아마 성공할 수 없을 것이다. 오랜 기간 지속된 빈곤은 수백만 명의 사람들을 절망적인 상태로 몰아넣고 있으며, 지구가 변경 지역이 되고 범죄는 지구화되는 시대에 그처럼 절망적인 상태를 이용해 많든 적든 돈을 벌어보려는 '사업들'은 번창할 수밖에 없다. 이로부터 현재 진행되는 전환의 무시무시한 두번째 결과가 도출된다. 즉 현대(성)의 온실로부터 방출된 '잉여 인구'가 한때 밟고 지나간 길에서 수백만 명의 이주자가 떠돌아다니게 된다 — 단 이번에는 정반대 방향으로, 그리고 정복 군대와 무역업자와 선교사의 지원 없이 말이다(어쨌든 지금까지는). 이 두번째 결과의 전모와 그것이 미칠 반향은 아직 드러나지 않았으며, 갖가지 파급 효과들도 장차 파악되어야 할 것이다.

2001년 말경 아프가니스탄 전쟁에 관해 짧지만 날카로운 논쟁이 벌어졌을 때 영Garry Younge은 9·11 사태 — 즉 세계를 뒤흔들고 지구 역사의 완전히 다른 단계의 도래를 알렸다는데 아무도 이견이 없는 날 — 하루 **전**의 지구의 상황에 대해 의견을 피력했다. 그는 '아프가니스탄 난민을 싣고 호주 연안에서 표류하던 배'가 결국은 태평양 한가운데 있는 무인도에 고립된 것(이에 대해 호주인 90%가 찬성을 표했다)을 상기시켰다.

현재 호주가 연합군에 적극 가담하면서 아프가니스탄의 해방보다 바람직한 일은 없다고 생각하고, 아프가니스탄을 해방시키기 위해 폭탄을 보낼 준비를 하고 있는 것을 고려할 때 그들이 아프가니스탄인들이었다는 사실은 흥미롭다 …… 지금 외무부 장관으로서 아프가니스탄인들을 나치에 비교하는 사람이, 전에 내무부 장관이었을 때 한 무리의 아프가니스탄인들이 스탠스테드에 상륙하자 박해받을 위험이 없다고 말하며 송환했던 사람이라는 것도 흥미로운 일이다.[13]

영의 결론에 따르면 9월 10일의 세계는 '무법 지대'로서, '힘이 권력'이라는 것과 힘과 권력이 있는 자들은 구미에 맞지 않으면 국제법(또는 국제법이라는 이름으로 불리는 어떤 것이든지)을 무시하거나 우회할 수 있다는 것, 그리고 부와 권력이 지구상의 경제뿐만 아니라 도덕과 정치 나아가 생활 조건과 관련된 다른 모든 것까지 결정할 수 있다는 것을 부자와 가난한 자가 모두 알고 있던 세계였다.

이 글을 쓰는 동안 런던의 고등법원 판사 주재로 여섯 명의 망명자에게 주어진 처우의 적법성을 따지는 심리가 진행 중이다. 그들은 이라크, 앙골라, 르완다, 에티오피아, 이란같이 '사악'하다고 공인되었으며 (또는) 일상적으로 인권을 침해하거나 무시한다고 공인된 체제에서 탈출한 사람들이다.[14] 스타머Keir Starmer 칙선 변호사가 콜린스 판사에게 진술한 바에 따르면 영국에 새로 도입된 규정들 때문에 수백 명의 망명자들은 '너무 곤궁해서 망명 신청을 진행할 수 없다'. 그들은 길거리에서 노숙하면서, 춥고 배고프고 두려움에 떨고 병들어 있다. 일부는 '공중전화 박스나 주차장에서 살고 있다'. 그들에게는 '돈도 거처도 음식도 전혀' 주어지지 않으며, 사회보장 급여를 받을 수 없을뿐더러 유급 노동에 종사하는 것도 금지된다. 그리고 망명 신청이 언제 어디서 처리될지, 처리되기는 할지에 대해 어떠한 통제권도 가지고 있지 못하다. 반복해서 강간당하고 두들겨맞다가 르완다에서 탈출한 한 여인은 결국 크로이던 경찰서 의자에서 밤을 지샐 수 있게 되었지만 거기서 잠들어서는 안 된다는 조건이 붙었다. 아버지는 총에 맞아 죽고 어머니와 누나는 윤간당하고 벌거벗겨진 채 버려지는 일을 경험한 앙골라 출신 남자는 아무런 도움도 받지 못해 노숙하고 있다. 200건의 비슷한 사건들이 현재 법원의 결정을 기다리고 있다. 스타머 변호사가 제출한 사건에서 판사는 사회적 원조의 거부는 불법이라고 선언했다. 내무부 장관은 그러한 판결에 분노를 표했다.

> 솔직히 개인적으로 나는 의회가 논의한 사안을 판사가 뒤집는 상황을 처리해야 하는 데 진저리가 난다 …… 콜린스 판사의 결정은 수용할 수 없다. 상소할 것이다.[15]

스타머 변호사가 제출한 사건에 등장하는 여섯 명의 망명자의 곤경은 아마 망명자들이 입국하는 순간 통상적으로 이송되는 정규 및 임시 수용소들이 초만원으로 넘쳐나게 되어 발생한 부작용일 것이다. 노숙자와 무국적자 같은 지구화의 희생자들 수는 너무 빨리 증가해 수용소가 지정되고 건설되는 속도를 앞지르고 있다.

지구화가 초래하는 가장 불길한 결과들 중의 하나는 전쟁에 대한 규제의 완화이다. 오늘날 대부분의 전쟁 행위들 — 그리고 그중 가장 잔인하고 처참한 것들 — 은 국가가 아니라 특정한 단체들에 의해 수행되고 있으며, 그들은 어떤 국가의 법이나 국제 협약도 따르고 있지 않다. 이러한 전쟁 행위들은 국가 주권이 지속적으로 침식되고 '국가들로 이루어진' 지구적 공간이 계속 변경 지역 같은 상황에 내몰리게 된 것의 결과이자 동시에 그것들을 초래하는 부수적이지만 강력한 원인이다. 부족 간 적대는 국가 권력의 약화 — 또는 '신생 국가'의 경우에는 국가 권력이 강화될 수 있는 시간의 부족 — 로 인해 표면화된다. 일단 이러한 적대 상태의 고삐가 풀리면 국가가 제정한 법은 불안정한 법이든 확립된 법이든 시행될 수 없으며 사실상 효력을 잃는다.

인구 전체가 무법 공간에 놓이게 되고, 전장에서 도망치기로 결심해 탈출에 성공한 일부 인구는 또다른 유형의 무법 상태에, 즉 지구 전체가 변경 지역처럼 바뀐 상황에 놓이게 된다. 일단 본국의 국경 밖으로 나간 탈출자들은 그들을 보호하고, 그들의 권리를 변호하고, 외국을 상대로 그들을 위해 중재할 수 있는 공인된 국가 권력의 도움을 받지 못하게 된다. 피난민들은 국적을 잃게 되는데, 새로운 의미에서 그렇게 되는 것이다. 그들의 무국적 상태는 국적을 조회할 수 있는 국가 당국의 부재라는 상황으로 인해 전적으로 새로운 차원으로 변화한다. 아지에르^{Michel Agier}가 지구화 시대의 피난민에 대한 통찰력 있는 연구[16]에서 표현한 대로 그들은 **법 외부**hors du nomos에 있다. 이런저런 나라의 이런저런 법이 아니라 **법 그 자체**의 외부에 있는 것이다. 그들은 새로운 종류의 추방자이자 버림받은 자들이며, 지구화의 산물들이고, 지구화에 따라 마치 변경 지역에 있는 것처럼 바뀌게 된 시대 정신의 가장 충실한 축도이자 구현자들이다. 아지에르의 말을 다시 인용하면, 그들은 일시적인지 영구적인지 전혀 알 길 없이 '경계를 떠도는 표류' 상황 속에 내던져진 것이다. 설령 잠시 정주해 있더라도 그들의 여행은 결코 끝나지 않는다. 왜냐하면 여행의 목적지(도착지 또는 귀환지)는 영원히 불확실하며, '최종적'이라고 말할 수 있는 장소에 영원히 닿을 수 없기 때문이다. 그들은 일시성, 불확정성 그리고 모든 정주의 임시성이라는 통렬한 느낌으로부터 결코 자유로울 수 없다.

팔레스타인 난민 — 이들 가운데 많은 수는 50년 전에 급하게 얼기설기 세운 수용소 외부에서 생활한 경험이 전혀 없다 — 의 곤경은 그간 잘 기록되어왔다. 하지만 지구화가 희생자를 양산함에 따라 새로운 수용소들(악명이 덜하고, 대개 알려지지 않거나 잊힌)이 재난 지역 주변에 무수히 생겨났다. 이 새로운 수용소들은 토니 블레어가 유엔 난민고등판무관에게 의무화해달라고 요청한 모델을 선구적으로 보여주고 있다. 예를 들어 다바브Dabaab에 있는 세 개의 수용소 — 그곳에는 1991~1992년 기준으로 그들이 위치한 케냐의 가리사Garissa 지방의 나머지 인구와 맞먹는 인원이 수용되어 있다

— 는 가까운 시일 안에 폐쇄될 조짐이 전혀 없음에도 불구하고 바로 오늘까지도 케냐 지도상에 등장하지 않는다. 일포^{Ilfo}(1991년 9월에 개소), 다가할리^{Dagahaley}(1992년 3월에 개소), 하가데라^{Hagadera}(1992년 6월에 개소)에 있는 수용소들도 마찬가지다.[17]

수용소에 수용되는 사람은 사전에 정체성의 요소들을 한 가지만 제외하고 모두 박탈당하는데, 나라 없고 거처 없고 쓸모없는 난민이라는 요소가 그것이다. 그들은 수용소 울타리 안에서 개성을 잃고 얼굴 없는 군중이 되는데, 정체성 형성의 전제인 기초적인 편의 시설이나 정체성을 형성하는 평범한 재료 하나 제공받지 못한다. '**한 명의** 난민'이 된다는 것은 다음과 같은 것을 잃는다는 것을 의미한다.

> 사회적 존재의 기반이 되는 매개체, 즉 의미를 띠고 있는 평범한 사물과 사람들의 집합 — 땅, 집, 마을, 도시, 부모, 소유물, 직업, 그리고 다른 일상사들. 표류하며 막연한 대기 상태에 놓인 이런 존재들이 지닌 것은 '벌거벗은 삶'뿐이며, 그들의 생존은 인도주의적 원조에 기대 유지된다.[18]

이러한 원조에 관해 많은 우려가 제기되고 있다. 인도주의 활동가 — 고용된 사람이든 자원봉사자든 — 의 모습 그 자체가 배제의 사슬을 구성하는 중요한 고리 중의 하나가 아닐까? 사람들을 위험에서 구하기 위해 최선을 다하고 있는 자선단체들이 뜻하지 않게 '인종 청소부들'을 돕는 결과를 낳고 있을지도 모른다는 의혹이 있다. 아지에르는 인도주의 활동가가 '값싼 배제 수단'이 아닌지, 그리고 (더 중요한 점으로서) 세계의 나머지 사람들의 걱정을 덜고 해소해주며, 죄를 사면하고 양심의 가책을 달랠 뿐만 아니라 언제 어떤 일이 벌어질지 모른다는 긴박감과 공포를 완화해주기 위해 고안된 장치가 아닌지 숙고한다. 난민들을 '인도주의 활동가들'의 손에 맡기는 것(그리고 뒤에 서 있는 무장 경비원들에게는 눈을 감는 것)은 화해할 수 없는 것 — 도덕적 정당성을 유지하고 싶다는 간절한 욕망을 만족시키는 동시에 유해한 인간 쓰레기를 처리하고 싶다는 터질 듯한 바람 — 을 화해시키는 이상적인 방법처럼 보인다.

> 인류의 저주받은 일부가 겪는 곤경으로 인해 생긴 죄책감은 치유될 수 있을지도 모른다. 그러기 위해서는 생물학적 격리 과정, 그리고 전쟁, 폭력, 대탈출, 질병, 빈곤과 불평등으로 인해 얼룩진 정체성을 회복시키고 새로 구성하는 과정 — 이미 한창 진행 중인 과정 — 이 자연스럽게 진행되도록 하는 것으로 충분할 것이다. 낙인찍힌 자들은 인간으로서의 속성이 저열하기 때문에, 즉 신체적으로나 도덕적으로나 비인간화되었기 때문에 그들과 일정한 거리를 두는 데 만전을 기할 것이다.[19]

난민들은 인간 쓰레기로서, 최종 도착지나 임시 체류지에서 아무런 쓸모도 없으며, 새로운 사회에 동화되거나 통합되겠다는 의향도 그럴 수 있으리라는 현실적 기대도 전혀 가질 수 없다. 그들이 현재 있는 장소인 쓰레기장에는 돌아갈 길도 앞으로 나아갈 길도 없다(호주 전함의 호위를 받으며 무인도로 보내진 아프가니스탄 난민들의 경우처럼 훨씬 더 외진 곳으로 가는 길이 아닌 다음에는 말이다). 사회적 부패의 유독한 악취가 원주민의 거주 지역에 이르지 않을 만큼 멀리 떨어져 있어야 한다는 것이 난민들의 영구적인 임시 수용소를 세울 위치를 선정하는 주된 기준이다. 난민들은 그러한 장소에서 벗어나면 장애물이고 골칫거리이지만 그 안에 있으면 잊혀진 존재가 된다. 난민들을 그곳에 묶어두고 새어나오지 못하도록 하기 위해, 결정적이고 돌이킬 수 없도록 그들을 분리하는 가운데 '일부는 동정심에서 다른 일부는 증오심'에서 그러는 것이기는 하지만 여하튼 거리를 벌리고 유지한다는 동일한 결과를 위한 협력이 긴밀히 이루어지고 있다.[20]

장벽, 철조망, 출입이 통제된 문, 무장 경비원말고는 아무것도 없다. 그것들 사이에서 그들은 자신의 정체성을 난민으로 규정한다 ― 자신을 규정할 권리를 빼앗긴다는 것이 더 적당할지도 모른다. 폐기된 인간을 포함해 모든 쓰레기는 동일한 쓰레기 처리장에 마구잡이로 쌓이는 경향이 있다. 쓰레기로 분류되는 순간 차이, 개성, 성향은 모두 사라진다. 쓰레기는 재활용 대상이 아닌 한 섬세하게 구별하거나 미묘한 차이를 파악할 필요가 없다. 그러나 난민들이 재활용되어 인간 사회의 적법하고 공인된 구성원으로 받아들여질 가능성은 아무리 좋게 보아도 희미하고 까마득히 멀기만 하다. 그들을 영원히 배제하기 위한 모든 조치가 취해졌다. 특성 없는 사람들은 이름 없는 땅에 버려진 반면 의미 있는 장소들과 사회적으로 쉽게 파악할 수 있는 의미들이 형성될 수 있고 일상적으로 형성되는 지점들로 다시 인도하는 길들은 영구히 가로막힌다.

'난민'이라는 개념 자체가 — 드러내는 것만큼 감추는 것도 많기에 — '본질적으로 논쟁적인 관념'인 이상 세계 전역에 흩어져 있는 난민의 정확한 수는 논란거리이며 앞으로도 그러하기 십상이다. 현재 가장 신뢰할 만한 수치는 등재와 문서화를 통해 관료적으로 생산되고 있는데, 일차적으로 유엔 난민기구UNHCR가 발간하는 「세계 난민 현황The State of the World's Refugees」이라는 연례 보고서를 들 수 있다. 이 보고서에는 기존에 유엔이 정의한 '난민' 기준에 부합한다고 인정되었기 때문에 유엔 난민기구가 당연히 관심을 기울여야 할 대상이 되는 사람들의 수가 실려 있다. 가장 최근의 보고서는 그러한 사람들의 수를 약 2,210만 명으로 추산하고 있다(이 수치는 다른 기관들이 보호하고 있는 난민들은 포함하지 않고 있는데, 400만 명의 팔레스타인 난민이 가장 두드러지는 사례이며, 어디에도 등재되어 있지 않고 어디에서도 등재해주지 않는 나라 없이 박해받는 소수 민족들도 당연히 누락되어 있다). 2000년 말의 시점에서 2,210만 명 중 40%는 아시아에 있으며, 27%에

육박하는 수가 유럽에, 그리고 25%를 약간 상회하는 수가 아프리카에 있다. 난민의 최대 공급지는 부족 간 분쟁 지역과 국제적 군사 작전의 목표가 되는 장소들인 부룬디, 수단, 보스니아 헤르체고비나, 이라크 등지이다.[21] 유엔 난민기구가 토로하는 불만에 따르면 대부분의 나라는 유엔 난민기구가 활동 기준으로 삼는 난민의 '정의에 따르지 않는다'. 나아가 그보다 더 많은 나라들은 그들이 압력에 못이겨 제공하는 임시적 보호 조처가 '말 그대로 임시적' 인 것일 뿐이며 난민들이 최종적으로는 본국으로 송환되거나 다른 곳으로 이송된다는 점을 확실히 할 것을 요구하고 있다. '그들을 보호하고 있다' 는 것이 '그들을 원한다' 는 뜻은 아니다. 그리고 난민들이 이 두 가지 상황을 혼동하지 않도록 하기 위해 필요한 모든 조치 — 그리고 그 이상이 — 가 취해지고 있다.

한번 난민이면 영원히 난민이다. 잃어버린 (혹은 차라리 더 이상 존재하지 않는다고 해야 할) 고향의 천국으로 되돌아가는 길은 거의 완전히 끊겼고, 수용소의 연옥에서 나가는 출구는 모두 지옥으로 이어지고 있다……. 수용소의 경계 안에서 영위하는 공허한 나날의 전망 없는 연속을 견디기 힘들지도 모르지만 임명되었든 자원했든 인류의 전권 대사가 된 자들 — 난민들을 수용소 안에 묶어두지만 영원한 죽음으로부터는 떨어뜨리는 것이 그들이 하는 일이다 — 이 손을 떼거나 하는 일은 없다. 그러나 고국으로 '돌아가는 것이 안전하기' 때문에 망명자들은 더이상 난민이 아니라는 결정이 권력자들에 의해 내려질 때마다 손을 떼는 일이 재삼재사 벌어진다. 하지만 이때 말하는 고국은 더이상 그들의 고국이 아니게 된 지 오래이며 어떤 그럴싸한 것도 제공할 수 없다. 예를 들어 에티오피아와 에리트레아에서 수십 년간 벌어진 부족 간 학살과 야만적 내전으로 인해 발생한 90만 명의 난민이 그 자체로도 빈곤하고 전쟁으로 황폐화된 나라인 수단 북부 지역에 산재해 있다. 거기에는 수단 남부의 학살 현장을 공포 속에서 떠올리는 난민들도 섞여 있다.[22] 비정부 자선단체들이 승인한 유엔 산하 기구의 결정에 따라 이들은 더이상 난민이 아니며, 그에 따라 더이상 인도주의적 원조 대상이 아니다. 그러나 그들은 돌아가기를 거부했다. '돌아갈' 수 있는 '고향'이 있다고 그들이 믿지 않는 것은 분명하다. 왜냐하면 그들이 기억하는 고향의 집은 파괴되거나 약탈당했기 때문이다. 그러므로 그들의 인도주의적 관리자들에게 부여된 새로운 과업은 그들을 강제로 **보내는** 것이다……. 카살라 수용소에서는 물 공급을 차단한 데 이어 수용자들을 강제로 수용소 경계 밖으로 내보냈으며, 수용소는 에티오피아의 고향과 마찬가지로 완전히 파괴되어 돌아갈 생각조차 할 수 없게 되었다. 동일한 운명이 움굴삼라파 수용소와 뉴샤가라브 수용소 수용자들에게도 닥쳤다. 현지 주민들의 증언에 의하면, 수용소 병원과 물 저장고가 폐쇄되고 음식 공급이 중단되자 8천 명의 수용자가 사망했다. 그들의 최후를 증명하기는 어렵다. 그러나 비인간적 불모지에서 탈출하지 못한 수십만 명이 난민 등록부와 통계에서 사라졌다는 것만은 분명하다.

지구의 변경 지역의 인간 쓰레기인 난민들은 '외부인의 화신'이며, 절대적 외부인이며, 제자리에 있지 않은 모든 곳 — 보통 사람들이 여행할 때 쓰는 지도에는 전혀 등장하지 않는 '어느 곳도 아닌 장소' — 에 있는 외부인이다. 한번 외부이면 영원한 외부이다. 감시탑이 있는 든든한 울타리만이 난민들의 '제자리를 벗어난 상태'를 무한히 지속시키는 데 필요한 유일한 수단이다.

이미 '내부'에 있는 잉여 인간들은 또다른 이야기다. 그들은 지구의 새로운 만원 상태가 영토적 배제를 금하고 있는 만큼 내부에 머물러 있을 수밖에 없다. 그들을 버릴만한 빈 장소가 없고 그들이 자유의지로 생계 유지 수단을 찾아 이동할 수 있는 장소들이 닫혀 있기 때문에 쓰레기 처리장은 그들을 외부인으로 만드는 지역 내부에 설치되어야 한다. 이러한 처리장은 모든 또는 대부분의 대도시에 등장한다. 도시의 게토, 또는 오히려 와캉의 통찰에 따르면 '하이퍼게토'가 그것들이다.[23]

게토는 이름이 붙은 것이든 붙지 않은 것이든 유구한 제도이다. 그것들은 '복합적 계층화'(또한 한번에 이루어지는 '다중적 박탈')라는 목적에 봉사했으며, 카스트나 계급에 의한 구별을 영토적 분리와 중첩시켰다. 게토는 자발적으로 생길 수도 있고 비자발적으로 생길 수도 있다(후자에만 그러한 이름에 따른 낙인이 찍히지만 말이다). 양자의 주된 차이는 '비대칭적 경계'의 어느 쪽을 마주하고 있는가이다. 즉, 전자냐 후자냐에 따라 게토 구역의 입구 또는 출구에 장애물이 쌓여 있다.

하지만 '비자발적 게토'의 경우에도 확고한 '유출' 요인에 더해 근소하나마 '유입' 요인이 있었다. 그것들은 '미니 사회'로서, 게토의 경계 밖에 사는 사람들의 일상적 필요와 삶의 목적에 봉사하는 주요 제도를 축소판으로 복제했다. 또한 거주자들에게는 외부에서는 누릴 수 없는 어느 정도의 안전과 편안하다chez soi는 느낌을 최소한 약간이나마 제공해주었다. 지난 세기의 미국 흑인 게토들을 지배했던 유형들에 대한 와캉의 묘사를 인용해보자.

> 흑인 부르주아들(의사, 변호사, 교사, 사업가)의 경제 권력은 하층 계급의 흑인 형제들에게 재화와 용역을 제공해주는 데 기반하고 있었다. 도시의 모든 '갈색' 주민들은 합심해 카스트적 종속 관계를 거부하고 '종족의 진보'에 대해 지속적인 관심을 보였다 …… 그 결과 전후의 게토는 **사회적으로뿐만 아니라 구조적으로도 통합되었다** — 숫자 도박, 주류 판매, 매춘, 그리고 다른 외설적 향락업 같은 불법 거래에 종사하고 있는 '음지 인생'들조차도 다른 계급들과 얽혀 있었다.[24]

전통적인 게토는, 설사 비물질적인 것이라 할지라도, 넘을 수 없는 장벽(물리적이고 사회적인)으로 둘러싸였을 수도 있으며, 몇 개 안 남은 출구는 극히 뚫고 나가기 어려운 고립지였는지도 모른다. 그것들은 계급과 카스트에 따른 격리 수단이었는지도 모르며, 거주자들에게 열등함과 사회적 거부라는 낙인을 찍었는지도 모른다. 그러나 그것들로부터 자라나 지난 세기말 그것들을 대체하게 된 '하이퍼게토'와 달리 그것들은 잉여의, 과잉의, 실업의, 그리고 쓸모없는 인구를 처리하는 쓰레기 하치장은 아니었다. 와캉의 말을 빌리면 새로운 게토는 과거의 고전적 게토와 달리

> 쓰고 버릴 수 있는 산업 노동력의 저수지가 아니라 그것을 둘러싼 사회에서 아무런 경제적 또는 정치적 쓸모가 없는 단순한 쓰레기장에 불과하다.

자신들의 중간 계급 — 더이상 흑인 고객에게만 의존하지 않고, '관문으로 차단된 공동체'라는 자발적 게토가 제공하는 더 높은 등급의 안전을 사들이기로 한 — 에 의해 버려진 게토 거주자들은 본인들만의 힘으로는 자신들이 속한 더 큰 사회가 자신들에게 부여하기를 거부한 용도를 대체할 수 있는 다른 경제적 또는 정치적 용도를 창출할 수 없다. 그 결과

> 고전적 형태의 게토가 부분적으로나마 잔인한 인종적 배제에 대항하는 보호막 역할을 수행한 반면 하이퍼게토는 집단적 완충 장

치라는 긍정적 역할을 상실하고 노골적으로 사회적 추방을 수행하는 치명적 기계 장치가 되었다.

다시 말해 미국의 흑인 게토는 순전히 그리고 단순히, 사실상 단 하나의 목적만을 지닌 쓰레기 처리장으로 바뀌었다.

그것은 노골적인 추방을 위한 일차원적 기계 장치, 도시 사회의 저급하고 버림받고 위험한 부분들이 버려지는 인간 창고가 되었다.

와캉은 미국의 흑인 게토를 점점 더 감옥과도 같은 고프먼Erving Goffman의 '총체적 시설total institution' 모델에 가깝게 만드는 일련의. 병행적이면서 상호 공조하는 과정들을 감지하고, 그러한 과정들을 열거하고 있다. 이 모델에 따르면 공공 건축은 점점 더 유치장을 연상시키는 식으로 '감옥화' 되는데, '담장이 높이 쌓이고 경계에는 강화된 보안 순찰대와 권위주의적 통제소가 존재' 하게 하는 새로운 '건설 계획' 이 그것이다 ― 여기에 밀러Jerome G. Miller의 지적대로 '무작위의 검색, 격리, 통행 금지, 그리고 주민 점호, 즉 효과적인 감옥 관리를 위한 친숙한 절차들' 이 뒤따른다.[25] 그리고 국가가 관리하는 학교는 교육이 아니라 확실하게 '구금과 통제' 하는 것을 주요 의무로 하는 '억류 시설' 로 전환된다.

실로 이러한 학교들의 주요 목적은 하찮고 제멋대로라고 평가받는 젊은이들을 일단 낮 동안에 가두어두는 형태로 그저 '중립화함으로써' 최소한 그들이 거리의 범죄에 가담하지 않도록 하는 데 있는 것처럼 보인다.

이것과 반대 방향의 움직임도 있는데, 미국의 감옥들의 성격, 그것들의 현재적·잠재적 기능, 공개적·암묵적 목적, 그리고 물리적 구조와 통상적인 절차를 변형시킴으로써 도시의 게토와 감옥이 중간 지점에서 만나도록 하는 것이 그것이다. 그리고 이를 통해 이 둘이 만나는 장소가 인간 쓰레기의 처리장 역할을 명시적으로 수행하도록 만든다. 다시 와캉을 인용하면

> 사회 개량론에 따라 치유하면 수용자를 공동체로 재통합할 수 있다는 교정의 이상을 구현했던 '큰 집'은 사회적 불량품을 사회로부터 물리적으로 격리함으로써 중립화하는 것만을 목적으로 하는 인종적으로 분리되고 폭력으로 점철된 '창고'에 자리를 내주었다.[26]

다른 도시 게토들, 특히 상당한 수에 달한 이주 인구로 인해 등장하고 있는 유럽 도시들의 수많은 게토들의 경우에도 이와 유사한 전환이 상당히 진행되고 있지만 아직은 여전히 불완전한 상태이다. 유럽에서 인종적 또는 민족적으로 순수한 도시 게토는 찾아보기 힘들다. 게다가 미국의 흑인들과 달

리 최근에 그리고 상대적으로 최근에 그곳에 살게 된 이주자들은 현지에서 생산된 인간 쓰레기가 아니다. 그들은 재활용의 막연한 희망을 버리지 못한 채 다른 나라들로부터 '수입된 쓰레기'이다. 그런 '재활용'의 가능성이 있는지, 그리고 그에 따라 쓰레기로 배정된 판정이 확정적이고 전지구적 구속력을 갖는지는 아직 불확실하다. 이 도시 게토들은 '도중의 여관'이나 '양방향 도로'로 남아 있다고 할 수 있다. 그것들이 매일같이 순찰대와의 충돌과 경계선에서의 분쟁으로 분출되는 팽팽한 긴장의 원천이자 표적이 되는 이유는 그것들의 임시적이고 불확실하고 모호한 성격 때문이다.

하지만 이주자로 구성되어 있고 지금까지는 여러 인종이 뒤섞여 있는 유럽의 게토와 미국의 '하이퍼게토'를 구분하는 이러한 모호성은 지속되지 않을지도 모른다. 로베르에 따르면 본래 기성의 도시 구조에 곧 동화되고 받아들여질 예정이었던 새로운 이주자들이 지나가는 '단기 정차' 역이나 '통과' 역의 성격을 갖고 있었던 프랑스의 도시 게토들은 일단 고용 규제가 완화되어 고용이 불확실하고 취약해지고 실업이 장기화되자 '추방 공간'으로 바뀌었다. 기존 주민들의 분노와 적대감이 사실상 뚫고 나갈 수 없는 담이 되어 이제 막 외부에서 들어온 사람들을 밖으로 내쫓아버린 것은 바로 그때였다. 이미 사회적으로 격하되고 도시의 다른 부분들과의 소통이 차단된 이주자 **구역들**quartiers은 이제

이주자들이 다른 주민들의 악의적 시선을 피해 편안하다는 느낌을 가질 수 있는 유일한 장소가 되었다.[27]

이에 덧붙여 라그랑주Hughes Lagrange와 페슈Thierry Pech는 이렇게 지적하고 있다. 즉 대부분의 경제적·사회적 기능을 포기한 국가가 시민들이 보기에 이미 실추된 권위를 되찾고 보호자 역할의 중요성을 회복하기 위한 전략의 핵심으로서 일단 '안전 정책'(보다 구체적으로는 개인의 안전 정책)을 선택하자마자 점점 더 불안정해지고 있는 노동 시장에서 유래하는 불안 증대와 공포 확산의 주범으로 공공연히 또는 완곡하게 이주자들의 신규 유입이 지목되었다.[28] 이주자 구역은 경범죄, 구걸, 매춘의 온상으로 묘사되었고, 그에 따라 '보통 시민들'의 불안 증대에 주요한 역할을 하는 것으로 비난받았다. 사람들을 무력화하고 있는 불안의 근원을 필사적으로 찾는 시민들의 갈채 속에서 국가는 — 다른 모든 영역에서 아무리 무기력하고 활동이 미미했을지라도 — 공개적으로 위력을 시위했다. 가장 힘없고 불안한 생활을 하고 있는 주변인들을 범죄자 취급하고, 더욱 호되고 엄격한 '강경' 정책을 고안하며, 외국에서 유입되어 프랑스 도시들의 교외에 버려진 인간 쓰레기에 초점을 맞춰 거창하게 범죄와의 전쟁을 벌인 것이다.

와캉은 다음과 같은 역설에 주목하고 있다.

어제는 자본과 자본의 노동력 이용 방식을 자유화하기 위해 '작은 국가'를 슬로건으로 내세우고 투쟁해 가시적 성공을 거둔 사람들이 오늘은 고용 조건의 규제 철폐가 낳은 유해한 사회적 결과와 사회의 취약 지역에 대한 사회적 보호의 악화를 현 상태대로 봉쇄하고 감추기 위한 '큰 국가'를 열렬히 요구하고 있다.[29]

물론 와캉이 지적한 사실은 결코 역설이라고 할 수 없다. 누가 봐도 명백한 이러한 심경 변화는 인간 쓰레기를 재활용하는 것에서 폐기하는 것으로 전환하는 과정의 논리를 그대로 따르고 있다. 이러한 전환은 너무나 철저한 것이어서 국가 권력의 강력하고 정력적인 도움이 필요했으며, 국가는 이에 응했다.

국가는 우선 생산 과정에서 탈락(일시적일 것이라고 간주된)한 개인들을 떠맡았던 집단 보험을 폐지함으로써 그에 응했다. 그것은 위의 탈락(그리고 그에 따라 생산적 쓰레기로 배정되는 것)이 일시적 불운으로서 짤막한 재활용 단계('재활시키는', 그래서 산업 현장의 일원으로 복귀시키는)로 이어지는 것으로 간주되는 한 정치적 스펙트럼상 좌파와 우파를 막론하고 모두에게 명백히 타당성이 있는 종류의 보험이었다. 그러나 일단 재활용 전망이 희미하고 불확실해지기 시작하고 정규적인 재활용 설비가 탈락자와 애초에 편입조차 되지 않은 자들을 모두 감당하기에는 부적당해 보이자 '좌우를 넘어선' 지원은 재빨리 사라졌다.

두번째로, 국가는 안전한 쓰레기 처리장을 새로 설계하고 건설함으로써 위의 요구에 부응했다 — 성공적으로 재활용될 희망이 사라지고, 전통적인 인간 쓰레기 처리 방법(잉여 노동력의 수출을 통한)이 더이상 유용하지 않게 되고, 인간은 누구나 폐기 가능성이 있다는 의구심이 '폐기된 인간'을 볼 때 유발되는 공포와 더불어 점점 더 깊어지고 확산되면서 이러한 노력은 확실히 점증하는 대중적 지지를 얻게 되었다.

사회 국가는 점진적이지만 무자비하고 지속적으로 '요새 국가'로 전환되었다. 지루Henry A. Giroux의 용어인 요새 국가는 '국내 전선에서는 억압과 군사화 수준을 높이면서' 지구적인, 초국적 기업의 이익은 갈수록 더 많이 보호하는 국가를 말한다. 사회 문제들은 점점 더 범죄화된다. 지루는 이를 다음과 같이 요약한다.

> 억압이 증대하면서 동정을 대체한다. 도시의 빡빡한 주택 시장과 대량 실업 같은 진짜 문제들 — 노숙자, 청년들의 무위도식, 마약의 만연의 원인으로서 — 은 간과되며 규율, 억지, 통제와 관련된 정책이 지지를 받는다.[30]

계속 증가 중인 대규모 '폐기된 인간'의 무리 — 지속되거나 영구적으로 될 것처럼 보이는 — 가 바로 곁에 있는 상황에서 '사회의 건강', 즉 사회 체계의 '정상적 작동'이 위험에 빠지지 않도록 하기 위해서는 보다 엄격한 분리주의 정책과 비상한 안전 조치가 필요하다. 파슨스Talcott Parsons에 따르면 모든 체계가 생존하기 위해 수행할 필요가 있는 악명 높은 과업인 '긴장 관리'와 '유형 유지'는 현재 거의 전적으로 '인간 쓰레기'를 사회의 나머지 사람들과 철저히 분리하는 것, 사회의 나머지 사람들이 그 속에서 생활을 영위하는 법적 제도로부터 그들을 면제하는 것, 그리고 그들을 '중립화'하는 것으로 요약되고 있다. 더는 '인간 쓰레기'를 멀리 있는 쓰레기 처리장에 버려버리거나 '정상적인 생활'이 닿지 못하는 곳으로 확실히 옮겨놓을 수 없다. 따라서 철저히 밀폐된 용기에 밀봉해버려야 한다.

형벌 제도가 그런 밀폐 용기를 제공해준다. 현재 진행 중인 전환에 대해 갈런드가 간결하고 정확하게 요약한 바에 따르면, 재활용 시대에 '교정 부문의 심층부로 기능했던' 감옥들은 오늘날 '훨씬 더 명시적으로 배제와 통제 메커니즘으로 인식된다.' '이제 감옥이란 제도의 가장 중요하고 가치 있는 요소로 간주되는' 것은 담장이지 담장 안에서 일어나는 일이 아니다.[31] '재활', '교화', '재교육'을 통해 길 잃은 양을 무리로 돌려보낸다는 의도는 기껏해야 단지 이따금씩 입에 발린 말로만 표현될 뿐이다 ─ 그리고 그럴 때마다 살벌하고 성난 합창으로 반격을 받는데, 그러한 합창의 지휘자는 유력 타블로이드판 신문이며, 유력 정치인들은 다양한 독창부를 노래한다. 명백히 감옥들의 주된 목적, 아마도 유일한 목적은 인간 쓰레기의 단순한 처리가 아니라 최종적이며 결정적인 처리이다. 한 번 불량품은 영원한 불량품이다. 전과자로서 가석방 중이거나 보호 관찰 중인 사람들이 사회로 돌아가는 것은 거의 불가능하며, 감옥으로 돌아갈 것이 거의 확실하다. 보호 관찰관의 임무는 형기를 마친 죄수들이 쉽게 '공동체로 돌아갈' 수 있도록 인도해주는 것이 아니라 일시적으로 풀어놓은 영구적 위험으로부터 공동체를 안전하게 지키는 것이다.

> 유죄 선고를 받은 범인들의 이해는, 도대체 그것이 고려되는지는 모르겠지만, 공공의 이해와 근본적으로 상반되는 것으로 간주된다.[32]

확실히 범죄자들은 '본질적으로 나쁘고 사악하며' '우리와 같지 않다'고 간주되는 경향이 있다. 모든 유사점은 순전히 우연의 일치일 뿐이다……

> '우리'와 '그들' 사이에는 상호 이해가능성도, 이해의 가교도, 실질적인 의사소통도 있을 수 없다…….
> 범죄자의 성격이 나쁜 유전자의 결과이든 아니면 반사회적 문화 속에서 자란 결과이든 결과는 마찬가지이다 — 그는 울타리 밖에 있고, 교화될 수 없으며, 문명 공동체 외부에 있는 존재이다…….
> 조화되지 않거나 조화될 수 없는 자들은 파문해 강제로 추방해야 한다.[33]

핵심을 요약하자면 감옥의 임무는 다른 수많은 사회 제도처럼 재활용으로부터 쓰레기 처리로 옮겨갔다. 감옥은 현대(성)의 전지구적 성공과 지구의 새로운 만원 상태 때문에 쓰레기 처리 산업이 처하게 된 위기를 해소하기 위한 전투의 일선으로 재배치되었다. 모든 쓰레기는 잠재적으로 유독하다 — 또는 쓰레기로 규정된 이상 적어도 사물의 적절한 질서를 오염시키거나 훼손하는 것으로 간주된다. 만약 재활용이 더 이상 이익을 내지 않고 더이상 실현될 가망(여하튼 오늘날의 상황에서)이 없으면 쓰레기를 처리하는 올바른 길은 이들을 보통 사람들의 거주지로부터 가능한 한 안전하게 격리하면서 '생분해'와 부패를 가속화하는 것이다.

> 과거에는 일자리, 사회 복지, 가족의 지원이 전과자들을 주류 사회로 재통합하는 수단으로 사용되었다. 이런 자원들의 감소로 인해 감옥에 수감되는 것은 감시받지 않는 자유로운 생활로 돌아갈 희망이 거의 없는 보다 장기적인 처분이 되었다…….
> 오늘날 감옥은 위험하다고 알려진 인물들이 공공의 안전이라는 이름 아래 격리되는 일종의 금역禁域 · 검역 지대로 사용되고 있다.[34]

더 많은 감옥의 건설, 감옥에 집어넣을 수 있는 범죄의 종류 확대, '무관용 zero tolerance' 정책, 그리고 보다 가혹하고 보다 장기간의 처벌은 실패한 채 비틀거리고 있는 쓰레기 처리 산업을 재건하려는 수많은 노력들의 일환으로 이해하는 것이 가장 바람직할 것이다 ― 지구화된 세계의 새로운 상황에 보다 적합한 새로운 기초 위에서 말이다.

현재 진행 중인 형태의 지구화 과정과 직접적으로 관련되어 있는 또다른 종류의 쓰레기가 있다. 그 기원이 지구화의 '변경 지역' 상황까지 거슬러 올라가며, 이러한 형태의 지구화가 이루어지는 가운데 카스텔의 '흐름공간'에 날마다 나타나지 않을 수 없는 종류의 쓰레기가 그것이다.

앞서 이야기한 대로 고전적인 '변경 지역' 상황에서는 목축 왕들과 무법자들 사이에 묵계가 있었다. 즉 양쪽 모두 무법 상태와 가장 재빠르고 기민하고 비양심적인 자들의 통치가 종말을 고하고 합법적 정부로 대체되는 것을 바라지 않았다. 양쪽 모두 관례의 부재, 동맹과 전선의 유동성, 그리고 헌신과 권리와 의무의 전반적인 취약성을 기반으로 번영을 구가했다. 하지만 이해관계의 그러한 수렴은 아무리 거주민과 여행자들이 위험으로부터 자신을 지키기 위해 온갖 예방책을 강구하더라도 변경 지역 내의 모든 사람들의 개인적 안전에는 좋은 전조가 아니었다. 그러한 수렴은 변경 지역을 영원한 불확실성의 장소로 만들었고, 동시에 어떤 효과적인 개입으로도 불안전성이 해소되지 않도록 만들었기 때문이다. 불안전성을 근원에서 해결할 수는 없었다. 동맹이나 전쟁터와 마찬가지로 그 결과로 발생하는 불안은 이곳저곳에 만연했으며, 불안의 대상이 무엇인지도 확신하지 못한 채 무작위로 선택하게 되었다. 변경 지역의 상황은 지뢰밭이라는 로트만 Jurij Lotman의 은유로 가장 잘 표현된다. 그곳에서 폭발이 일어날 것이라고는 확실히 말할 수 있지만 시간과 장소는 추측할 수밖에 없다.

현대판 변경 지역 상황에서 목축 왕 자리는 전세계적인 제조, 무역, 자본 회사들이 차지했고, 떠돌이 노상 강도(혼자든 패거리든) 자리는 테러리스트들의 네트워크와 사방에 흩어져 있는 무수한 개인들 — 테러 행위에서 개인적인 트라우마에 맞서 싸우는 사적인 전투의 원형을 발견하거나 아니면 오로지 무시당하고 경멸받기만 하는 비참한 사람조차도 커다란 반향을 일으키며 산화할 수 있는 방법에 대한 암시를 발견하는 — 이 대신하게 되었다.

변경 지역에서 벌어지는 게임의 주요한 적대자들/동업자들의 활동은 둘 다 인간 쓰레기 생산을 풍부하게 증가시킨다. 첫째로는 '경제 발전'이라는 산업 부문에서 가장 활발하고, 둘째로는 '질서의 창조적 파괴'라는 산업 부문에서 가장 활발하다 — 이는 현대 국가가 출범할 때부터, 심지어 사회 질서의 설계와 구축에 대한 독점권을 주장하는 동안에 몰두했던 강제적 사업들이 철저하게 탈규제화된 형태라고 할 수 있다.

오늘날 어떤 권력도 표면적으로 자기 주권이 미치는 듯한 영토에 대해 배타적인 지배력을 주장하지 못하고 있다. 아무리 경계를 철저하게 방비하더라도 허점이 많으며 침투하기 쉽다는 것을 알 수 있다. 충격적인 장면에 집착하는 언론을 통해 국경선의 허점과 잠입을 막기 위해 소집된 대규모 군사력(널리 보도된 히스로Heathrow 공항의 탱크 장면처럼)을 보면서 대중은 그러한 노력이 헛수고로 끝날 수밖에 없음을 날마다 상기하게 된다. 어떤 사태에 관해 무엇이 올바르고 적정한 질서인지를 둘러싸고 놀랄 정도로 서로 다르고 종종 양립할 수 없는 생각들이 표면상의 주권적 영토들 안에서 만나고 충돌하며, 그러한 생각들의 주창자와 옹호자들은 세계를 자기 이상의 높이까지 끌어올리기 위해 서로 싸운다 — 그러나 그러한 과정에서 희생되는 것은 변함없이 주민들이며, 그들은 마음 놓고 버릴 수 있는 전투 현장의 소품, 전쟁의 '부수적 피해자'로 취급된다.

지구화 시대가 되자 유동적인 현대판 목축 왕과 말을 탄 산적들 사이에서 끊임없이 끓어오르고 때때로 격렬하게 분출하는 상호 적대가 남긴 '부수적 피해자'와 '부수적 사상자'들은 점차 쓰레기 산업의 가장 중요하고 방대한 생산품이 되어간다. 누구든지 (실제로는 안 되더라도 적어도 이론상으로는) 재판부의 불리한 평결에 맞서 필사적으로 싸우고, 평결을 뒤집기 위해 싸우고, 자기 주장을 입증하기 위해 변론하고, 자기 주장이 기각되면 상급 법원에 항소하고, 여론의 분노와 항의를 조장하기 위해 노력하고, 이 모든 것이 실패하면

법원의 관할권에서 탈출하려고 할 수 있다 — 그러나 '부수적 피해자'들은 이러한 수단 가운데 아무것도 써먹을 수 없다. 그들에게는 저항하거나 고소하거나 고발하거나 배상을 청구할 대상이 되는 권력 당국이 없다. 그들은 현재 진행 중인 전지구적인 법적·정치적·윤리적 질서의 창조적 파괴가 만들어낸 쓰레기이다.

이러한 상황에서는 '쓰레기'와 '유용한 생산품'을 분리하기 위해 그어진 어떤 선도 논란의 여지없이 고수되지는 않을 것이며, 평생 쓰레기 더미에서 살 것을 선고하는 어떤 판결도 그것을 파기하고 뒤집기 위해 필사적으로 애쓰는 저항 없이는 오래 유지될 수 없을 것이다. 따라서 상호 경쟁적인 무수한 설계·건설 프로젝트들 한복판에서 누구도 진정으로 안전하다고 느끼지 못한다. 누구도 최근에 집행된 또는 현재 집행되고 있는 평결을, 그러한 평결을 내린 권력 당국이 아무리 강력하다고 할지라도, 신뢰하지 못한다. 누구도 쓰레기 처리장이라는 유령이 완벽히 퇴치되었다고 자신할 수 없으며, 불량품으로 판정되어 쓰레기로 지정될 위험을 확실히 피했다고 생각할 수 없다. 전반적인 상황을 무작위성, 순수한 우연성, 한치 앞을 볼 수 없는 운명이 지배한다는 인상을 받게 된다 — 그리고 우연한 연쇄, 설명할 수 없는 사고, **불합리한 추론**^{non sequitur}에 대해서는, 뇌물이나 협박에 의해 유지되거나 해체되는 일시적인 권력 동맹에 대해서와 마찬가지로, 어떤 방어책도 생각할 수 없다. 희생자가 되는 것은 면할 수도 있지만 '부수적 사상자'가 될 운명을 피하기 위해 할 수 있는 일은 아무것도 없다. 이러한 상황은 전지구가 변경 지역으로 재편된 세계 위에 떠돌고 있는 불확실성이라는 유령에 전적으로 새로운 불길한 차원을 추가하고 있다.

'사회 국가' — 장구한 유럽 민주주의 역사의 최고봉이자 최근까지도 지배적인 형태였던 — 는 오늘날 쇠퇴하고 있다. 사회 국가가 정당성을 주장하는 기초이자 시민들의 충성과 복종을 요구하는 기반은 뜻하지 않은 재난뿐만 아니라 잉여와 배제와 폐기의 운명으로부터도 시민들을 보호해준다는 약속, 즉 개인적인 약점이나 불운으로 인해 '인간 쓰레기'로 전락하지 않도록 보호해준다는 약속에 있다. 요컨대 그렇지 않으면 혼돈과 우발성이 지배했을 삶에 확실성과 안전을 부여하겠다는 약속에 있다. 만약 불운한 개인이 비틀거리다가 넘어지면 주변 누군가가 손을 잡아 다시 일으켜줄 것이다.

시장 경쟁이 초래한 불규칙한 고용 상태는 당시에, 지금도 그렇지만, 시민들을 괴롭히던 미래에 대한 불확실성, 그리고 불안정한 사회적 입지와 자기 존중의 주요한 원천이었다. **사회** 국가가 국민을 보호하기 위한 해결 과제로 떠맡은 것은 일차적으로 그러한 불확실성이었다 — 직업 안정성을 높이고 미래를 더 확실히 보장함으로써 그러한 과제를 해결하려 했다. 그러나 앞에서 논의된 이유들로 인해 이제 상황은 달라졌다. 오늘날 국가는 사회 국가의 약속을 이행할 수 없고, 정치인들 또한 더이상 그러한 약속을 되뇌지 않는다. 대신 그들이 내놓는 정책은 한층 더 불안하고 위험으로 가득 찬 삶을, 따라서 수많은 극단적인 처신을 필요로 하지만 인생 계획은 거의 불가능하게 되는 삶을 예시하고 있다. 즉 그러한 정책들은 유권자들에게 '더 유연하기를'(즉 더 심한 불안정성이 닥칠 것에 대비하기를), 그리고 사회적으로 생산된 문제들에 대해 개인적으로 그들 나름의 해결책을 찾아보기를 요구하고 있는 것이다.

따라서 사회 국가의 해체와 종말을 주관하고 있는 모든 정부가 직면한 가장 시급한 의무는 국가 권위의 자기 주장과 규율에 대한 요구가 새롭게 토대로 삼을 수 있는 새로운 '정당화 공식'을 찾아내거나 끌어내는 것이다. 경제 발전의 '부수적 사상자'로 전락하는 것 — 오늘날 자유롭게 부유하는 전지구적인 경제적 힘의 손에 달린 — 은 정부가 모면하게 해주겠다고 확실히 약속할 수 있는 곤경이 아니다. 그러나 마찬가지로 자유롭게 부유하는 테러 음모자들이 초래하는 개인적 안전에 대한 위협의 공포를 한층 더 크게 과장한 다음 점점 더 많은 경비원과 더 촘촘한 엑스선 투시기의 그물망, 더 광범위한 폐쇄 회로 텔레비전^{CCTV}, 더 빈번한 검문, 더 잦은 선제 공격과 예방적 체포를 통해 안전을 보호하겠다고 약속하는 것이 편리한 대안이 되고 있는 것처럼 보인다.

너무나도 가시적이고 매일같이 경험하게 되는 시장에 의

해 초래된 불안전성 — 그냥 내버려두는 것 말고는 정치 권력의 아무런 도움도 필요로 하지 않는 — 과는 대조적으로 '포위된 요새'라는 심리 상태, 그리고 개인의 신체와 사적 재산이 위협받고 있다는 심리 상태는 적극적으로 조장되어야 한다. 위협들은 가장 불길한 색깔들로 채색되어야 하며, 그에 따라 공포에 휩싸인 대중에게는 예견된 참사가 도래하는 것보다 **위협이 현실화되지 않는 것**이 **이례적인 사건**으로 비추어질 수 있어야 하며, 무엇보다도 그것이 국가 기관의 예외적인 노련함과 주의와 배려와 선의의 결과로 비추어질 수 있어야 한다. 이것은 실행되고 있으며, 놀라운 효과를 거두고 있다. 거의 매일같이, CIA와 FBI는 적어도 일주일에 한 번은 미국인들에게 미국의 안전에 대한 공격이 임박했다는 경고를 발하면서 그들을 안전에 대한 끊임없는 경계 상태로 몰아넣고 그러한 상태에 붙잡아두고 있으며, 개인의 안전이 사방에 만연한 각종 긴장 상태들의 중심에 확고히 자리 잡도록 만든다 — 그러는 사이에 미국 대통령은 계속 유권자들에게 '한 병, 한 통, 한 상자만 이 나라로 흘러들어와도 역사상 유례없는 공포의 날을 맞을 수 있다'는 것을 상기시키고 있다. 사회 국가의 매장을 감독하고 있는 다른 정부들은 이 전략을 열심히, 지금까지는 아주 열성적이었다고 할 수 없지만(의지보다는 자금의 부족 때문에), 베끼고 있다. 쓰레기 더미에 갇히지 않도록 보호받을 수 있다는 희망이 사라지는 가운데 그러한 희망을 소생시킬 수 있는 강력한 국가 권력에 대한 대중의 새로운 요구는 **사회적** 불안정성과 **사회적** 보호 대신 **개인적** 취약성과 **개인의** 안전을 기초로 하고 있다.

다른 많은 경우에서와 마찬가지로 이처럼 새로운 정당화 공식의 개발에서도 미국은 선구적이면서 선례가 되는 역할을 하고 있다. 동일한 과제에 직면한 많은 정부들이 공감 어린 기대감을 갖고 바라보며, 미국의 정책에서 차용할만한 본보기를 찾아내는 것은 하나도 놀라운 일이 아니다. 정책의 집행 방식에 대한 표면적이고 공개적인 이견의 표출 아래에는 정부들 간의 '의견 연합' — 변덕스러운 이해관계의 일시적인 우연의 일치로 폄하할 수 없는 — 이 있는 듯하다. 공통의 정당화 정책에 대한 국가 권력 담당자들 사이의 문서화되지 않은 암묵적인 동의가 그것이다. 아마 일이 이런 식으로 돌아가고 있을지도 모른다는 것은 '예외 상태〔긴급 상황〕'를 만들어내기 위해 미국이 동원하는 새로운 조치들을 영국 총리가 — 다른 유럽 총리들이 점점 더 관심을 갖고 지켜보는 가운데 — 열정적으로 신봉하고 받아들이는 것을 보면 알 수 있다 — 이처럼 새로운 조치로는 '외국인'(완곡하게 '망명자'라고 불리는)을 수용소에 가두기, 인권보다 '안보상의 고려'를 우선시하기, 마그나카르타와 인신보호영장*habeas corpus*의 시대 이래 효력을 발휘하고 있는 수많은 인권을 배제하거나 유예하기, 이른바 '신흥 범죄자들'에 대한 '무관용' 정책 펼치기, 그리고 **어디**서든 **언제라도 어떤** 테러리스트라도 확실히 공격할 것이라고 주기적으로 반복해 경고하기 등이 있다. 우리 모두는 우리가 선전포고하지도 동의하지도 않은 전쟁에서 '부수적 사상자' 역할을 맡을 수 있는 잠재적 후보자들이다. 그러한 위협 — 훨씬 더 임박하고 극적인 위협이라고 반복해서 주입된 — 에 견주어볼 때 사회적 잉여 상태에 대한 전통적인 두려움은 상대적으로 왜소해지고 어쩌면 잠재워질 것이라고 바랄 수도 있는 것이 된다.

'부수적 피해'는 격렬하고 무제한적인 지구화 경향(지금까지는 그것을 길들이고 규제하려는 모든 시도에 효과적으로 저항하고 있는)이 창출한 새로운 전지구적 변경 지역 상황에서 특유하게 발생한 인간 쓰레기를 묘사하기 위해 특별히 고안되었을지도 모르는 용어였다. 이러한 종류의 현대적 쓰레기 생산과 관련된 두려움은 쓰레기와 관련된 보다 전통적인 우려와 불안을 능가하는 것처럼 보인다. 새로운 전지구적 권력 위계의 건설에서 (그리고 그것을 해체하는 시도에서도) 이러한 두려움이 가장 적극적으로 활용되는 것은 별로 놀랄 만한 일이 아니다.

이들 새로운 종류의 공포는 또한 모든 인간적 결속의 결합인자인 신뢰도 해체한다. 고대의 현자 에피쿠로스는 이미 (메노이케우스Menoeceus에게 보내는 편지에서) 이렇게 말한 바 있다.

우리 친구들의 도움 그 자체보다는 우리 친구들이 우리를 도우리라는 확신이 우리에게 더 도움이 된다.

신뢰가 없으면 인간적 헌신의 망은 산간조각나고 세상은 더욱 위험하고 두려운 곳이 된다. 변경 지역에서 발견되는 것과 같은 종류의 쓰레기가 초래하는 두려움은 스스로를 재생산하고 스스로를 보강하고 스스로를 확대하는 경향이 있다.

신뢰는 의심의 만연으로 대체되었다. 모든 결속은 신뢰할 수 없고, 믿을 수 없고, 뒤통수 치는 것으로 간주되었다 — 그렇지 않다고 증명되기까지는 말이다. 그러나 신뢰 없이는 '증거'라는 것 자체 — 결정적이고 최종적인 증거는 말할 것도 없이 — 가 결코 명백하고 설득력 있는 것이 될 수 없다. 신뢰할 수 있고 진정 믿을만한 증거란 어떤 것일까? 그것을 눈으로 보더라도 알아볼 수는 없을 것이다. 설사 그것을 정면으로 마주치게 되더라도 정말 믿을만한 증거인지 의심하게 될 것이다. 따라서 증거로 받아들이는 것은 무기한 연기될 수밖에 없다. 결속을 형성하고 강화하기 위한 노력은 무한한 실험의 연속이다. 인간들의 동맹과 약속과 결속은 실험적이고, '시험해보고 나서' 차원에서 수용되어 항상 영원히 시험 중이고, 언제나 '어떤 결과가 나올지 두고보자'는 식에 불과하다. 따라서 그것이 충분히 그리고 진정으로 신뢰할 만하다고 선언해도 좋을 만큼 견고해지기는 어렵다. 이러한 결속은 의심에서 태어나 의심을 낳는다.

서약들(고용 계약, 결혼 합의, '동거' 약속)은 처음부터 '취소의 여지'를 염두에 두고 시작되며, '탈퇴' 조항이 얼마나 견실한가에 따라 서약의 질이 얼마나 높은지, 얼마나 바람직한지 판단된다. 다시 말해 처음부터 쓰레기 처리장이 서약의 궁극적인 목적이 될 것이 분명하다(마땅히 그래야 하고 그렇게 될 운명이다). 서약은 시작되는 순간부터 쓰레기가 될 전망이 있는 것으로 간주되고 취급된다. 따라서 취약성(생분해가 가능한 종류의)은 서약의 장점으로 간주된다. 인간의 결속을 형성하는 서약들은 처음부터 그리고 앞으로도 인간 존재의 놀랍고 소름끼치는 취약성을 없애버리기 위해 추진되는 것이라는 사실을 잊기 쉽다……

  신뢰를 상실하고 의심으로 점철된 삶은 쉽게 해결할 수 없는 이율배반과 모호성으로 가득 차게 된다. 삶은 쓰레기라는 표지판이 있는 곳에서 벗어나기를 바라지만 실망에서 좌절감으로 오락가락하면서 삶을 탐험하는 여행을 시작할 때마다 벗어나고 싶어하던 바로 그 지점에 다시 도달하고 만다. 그렇게 사는 삶은 결국 잘못된 관계들, 포기한 관계들만 남긴다 ─ 전지구가 변경 지역처럼 된 상황의 쓰레기를, 신뢰를 순진함의 상징으로, 가진 것 없고 잘 속아 넘어가는 사람들을 위한 함정으로 만들어버리는 것으로 악명 높은 쓰레기를 말이다.

4

쓰레기 문화

 복잡하게 뒤엉킨 인간 쓰레기 생산과 처리의 역사에서 '영원성'이라는 전망, 그리고 그러한 전망이 현재 광휘를 잃게 된 것이 핵심적 역할을 수행했다.

 무한성만이 온전히 그리고 진실로 모든 것을 포용한다. 무한성과 배제는 양립할 수 없다. 따라서 무한성과 예외도 양립할 수 없다. 무한한 시간과 공간 속에서는 모든 것이 발생할 수 있고, 모든 것이 발생해야 한다. 과거와 현재와 미래에 존재하는 모든 것은 제자리가 있다. 무한성 속에 자리가 없는 것은 '자리가 없다'는 생각 그 자체이다. 무한성이 절대로 수용할 수 없는 관념이 있다면 그것은 잉여라는 관념, 쓰레기라는 관념이다.

 보르헤스의 소설 「죽지 않는 사람들The Immortal」의 주인공인 이스미르 출신의 조셉 카르타필루스가 '죽지 않는 사람들의 도시'에서 알아낸 것이 바로 이것이다.

여러 세기에 걸친 실행을 통해 하나의 교의를 형성하게 된 죽지 않는 자들의 공화국은 완벽한 인내와 거의 완벽에 가까운 냉소를 터득하게 되었다. 그들은 무한한 시간 속에서는 모든 사람들에게 모든 일들이 일어난다는 것을 알고 있었다. 자신들 과거나, 또는 미래의 덕행 때문에 모든 사람은 모든 선의 신봉자들이다 …… 가장 쓸모없기 그지없는 생각조차도 하나의 보이지 않는 섭리에 따른 것이고, 그것은 어떤 비밀의 형상을 완벽하게 되도록 해주거나, 또는 그것이 탄생되도록 만들어준다 …… 아무도 아닌 사람은 어떤 사람이며, 단 한 사람의 죽지 않은 인간은 모든 죽지 않는 인간들이다.[1]

무한성 안에서 의미 없는 것은 아무것도 없다. 설사 그러한 의미를 — 제한된 수명 때문에 그러한 의미를 해독하거나 그러한 의미가 현현하는 것을 목격하는 데 필요한 시간을 가질 수 없는 — 인간이 파악하거나 헤아릴 수 없는 듯이 보인다고 할지라도 말이다. 무한성 안에서 모든 것은 힌두교의 영원회귀와 윤회 사상에서 볼 수 있듯이 **끝없이 재생되거나** 기독교의 단선적 발전 — 소멸하는 육신의 현세적 삶으로부터 인간 행위의 참된 의미가 마땅히 헤아려지거나 심판되거나 보상받거나 처벌받게 되는 영혼의 저승으로 나아가는 — 사상에서 볼 수 있듯이 **영생한다**. 무한성 안에서 개별적인 인간은 죽음을 면치 못하는 사람들의 관점에서는 사라진다고 할 수 있으나 아무도 돌이킬 수 없는 무無로 전락하지는 않으며, 어떤 심판 — 무한히 멀리 있는 최후의 심판의 날을 제외하고는 — 이든 최종적인 것이라고 주장하는 것은 섣부른 일로서 협잡의 증거이거나 자만이 저지르는 죄악이다.

물론 '무한성'은 그저 추상적으로 구성된 개념으로, 오랜 기간의 경험에서 정신적으로 도출해낸 것이다. 그것은 육체적 삶은 무기력할 정도로 짧고 인간이 살면서 하는 일들이 짜증날 정도로 불완전한 데서 촉발된 것이다. 무한성이라는 개념은 현재가 상상 속에서 연장된 것으로, 거기서는 모든 과거와 현재와 미래의 순간들의 의미가 드러나고 모든 것이 제자리를 찾게 될 것이다. 모든 노고는 유익하거나 유해한 열매를 맺고, 미덕은 보상받고 악행을 처벌받을 것이다 — 또는 오히려 모든 행위는 아직 알려지지 않은 차후의 결과, 즉 장기적이고 진실로 궁극적인 결과에 따라 미덕이나 악행으로 분류될 것이다. 무엇인가가 발생하고 문제가 되는 것은 — 문제가 **되어야만 하는** 것은 — 그 결과가 경험될 수 있는 것이 아니며, 사건의 연쇄가 이어지고 있는 상황에서는 완전히 알 수 없는 것이기 때문이다. 무한성 안에서는 발생하고 있는 것 중에서 잉여라고, 순전히 우연으로 사건들의 흐름에 끼어들었다고, 꼭 필요하지는 않다고, 버려도 좋은 것이라고 말할 수 있는 것은 없다. 즉 (당신이 이해할 수 없는) 사물의 도식에 부합하지 않는다거나 (당신이 헤아릴 수 없는) 영원한 시간 속에서 가치를 발휘할 때가 없을 것이라고 말할 수 있는 것은 없다. 무엇이든 존재했던 것은 신의 설계와 '신성한 존재의 사슬'의 일부였던 것이 분명하며, 그 존재의 적절성과 지혜로움은 인간의 능력으로 판단할 수 없다. 인간이 할 수 있는 것이라곤 그러한 존재의 감추어진 목적을 파악하기 위해 애쓰는 것뿐이다. '신의 설계'에서 잉여적인 것은 아무것도 없다 — 설사 나약한 인간의 마음이 그렇게 생각할지라도, 그리고 죄로 가득한 인간의 본성이 마치 그런 것처럼 행동하게 할지라도 말이다. '신성한 존재의 사슬'에서 잉여적인 것은 아무것도 없다. 인간들이 그렇게 만들기 위해 어떤 행동을 하더라도 말이다.

요나스Hans Jonas가 함축적으로 표현했듯이 우리가 '우리 일생의 날들을 세면서 그것들을 의미 있게 만드는 것'[2]은 바로 이 때문이다. 역설적으로, 하루하루에 의미를 불어넣는 것은 영속성 그 자체라기보다 불멸성과 개인의 필멸성의 결합, 개인의 존재의 단명성과의 결합이다.

> 우리 각자에게는 우리가 이곳에 잠시만 머무를 수 있으며 우리의 미래에는 타협이 불가능한 한계가 그어져 있다는 사실을 아는 것조차도 우리 일생의 날들을 세면서 그것들을 의미 있게 만드는 동기로서 필요할지도 모른다.

다시 말해 그것은 우리가 행하는 바에 영속적인 의미를 부여하고 발생하는 모든 것에서 보다 깊은 의미를 찾아내기 위한 동기로서 필요할지도 모른다.

인간이 극히 한정된 시간만 이 세상에 존재한다는 사실과 이 세계가 흔들림없이 견고하게 존재한다는 사실이 상충됨으로써 인간에게 겸허함과 함께 고통을 주는데, 이는 유사 이래 인간의 경험을 구성하는 필수적 요소였다. 현대(성)의 여명기까지 삶에서는 전자의 일시성과 후자의 지속성이 나날이 부딪칠 수밖에 없었으며, 양자가 결코 상통할 수 없음이 나날이 시연되었다. 지속성이라는 관점에서 볼 때 모든 승산은 세계 편에 있었는데, 세계는 현재 살고 있는 모든 인간 개개인보다 오래 존속할 수밖에 없기 때문이다.

이러한 상황이 지속되는 한 무한성의 개념은 안전했고, 그러한 개념이 인간의 현세적 삶에 대해 행사하는 입법권과 집행권, 의미를 부여하는 권한도 마찬가지였다. 이러한 안전성은 일단 인간들이 '모든 견고한 것을 다 녹이고', '모든 신성한 것을 다 비속화하는' 데 착수하자 (이 점에서 양자는 동일한 태도와 동일한 행동을 표현하는 두 가지 방식에 불과하다) 침식되기 시작했다. 지금과 같은 현대의 '유동적' 단계에서 생존 게임의 우세가 '저 바깥의' 세계로부터 개인 — 현재 기대수명이 생활 환경의 어떤 요소의 기대수명보다 **더 길고**, 기대수명이 계속 **증가** 중인 유일한 존재 — 의 삶으로 이동함에 따라 이러한 안전성은 무너졌다.

현대 이전의 삶이 필멸인 인간 생명을 제외한 모든 것의 무한한 지속성을 나날이 시연하는 것이었다면 유동적 현대의 삶은 보편적 일시성을 나날이 시연하고 있다. 세계에는 영원히 지속되는 것은 고사하고 지속성을 띠는 것조차 전혀 없다. 오늘은 유용하고 필수불가결한 물건들도 극히 일부의 예외를 빼면 내일은 쓰레기가 된다. 어떤 것도 진정으로 필요하지 않으며, 어떤 것도 대체 불가능하지 않다. 모든 것은 임박한 죽음이라는 낙인이 찍힌 채 태어나고, '사용 기한' 딱지가 붙어 생산 라인을 떠난다. 건축은 철거 허가(필요하다면)가 나지 않는 한 시작도 되지 않고, 계약서는 시한이 정해지거나 미래의 위험 요소에 따른 종료가 허락되지 않는 한 서명되지 않는다. 최종적인 그 어떤 조치나 선택도 없으며, 변경 못할 그 어떤 것도 없다. 어떤 서약도 돌이킬 수 없는 지점에 도달할 만큼 오래 지속되지 않는다. 모든 것은, 태어난 것이든 만들어진 것이든, 인간이든 아니든, 유한하며 없어져도 상관없는 존재이다. 유동적 현대 세계의 거주민들과 그들의 노고와 창조물들 위에 유령이 떠돌고 있다. 잉여라는 유령이.

유동적 현대(성)는 과잉, 잉여, 쓰레기, 그리고 쓰레기 처리의 문명이다.

보유 | 문화와 영원성

인간들은 우리가 필멸이라는 것을, 필연적으로 죽을 수밖에 없다는 것을 알고 있다. 그러한 사실을 알면서 산다는 것은 힘든 일이다. 문화가 없었다면 그러한 사실을 알면서 산다는 것이 명백히 불가능했을 것이다. 인간의 위대한 발명품인 문화(아마 모든 발명 중 가장 위대한 것, 즉 메타 발명, 발명 정신을 추동하며 모든 다른 발명을 가능케 하는 발명일 것이다)는 인간에게만 고유한 삶, 즉 죽을 수밖에 없는 존재라는 사실을 알면서도 논리와 이성에 반하여 살아야 하는 삶을 견딜 수 있게 해주는 장치이다.

어떤 기준에 비추어보더라도 이것은 하찮은 업적이 아니다. 그러나 문화는 그 이상의 일을 한다. 문화는 어떻게든 **죽음에 대한 공포를 삶의 동력으로 바꾸어낸다**. 그것은 죽음의 **불합리성**으로부터 삶의 **충만한 의미**를 빚어낸다. 베커^{Ernest} ^{Becker}의 지적대로 '모든 곳에서 사회는 인간의 삶의 의미를 담고 있는 살아 있는 신화이며 의미의 도전적인 창조물이다'.[3] 적어도 이것이 바로 '모든 곳에서 사회'가 수행해온 것이다. 물론 수행 방식은 장소와 시대에 따라 달랐으며, 인간적 삶의 형태와 유형에 미친 영향들도 크게 달랐다.

이 모든 형태와 유형들에 공통된 점은 필멸성의 초월을 위한 이러저러한 처방을 고안하고 공인한다는 것이다. 베커가 '사회는 성문화된 영웅 체계'라고 말할 때, 그리고 사회는 '희망과 믿음'을 불러일으키는 '세속적 영웅주의의 운반 도구'로서 고안된 것이며, '인간이 사회에서 창조하는 것들은 지속적인 가치와 의미가 있고, 죽음과 부패를 넘어 지속되며, 인간과 인간의 생산물은 의미 있는 것'이라고 말할 때 염두

에 두었던 것은 실제로는 이것이었다.[4]

그러나 여기서 '영웅주의'라는 용어는 오해를 불러올 수도 있다는 점을 지적하고 넘어가기로 하자. 제공된 처방을 수용해 처방된 약의 정량을 복용하고, 지상에서 영원으로 인도할 것을 약속하는 길을 벗어나지 않고 충실히 따라가는 데는 우리가 흔히 영웅적 행위와 결부하기 쉬운 용기나 자기를 희생할 태세는 필요하지 않다. 죽음을 넘어서는 능력이 있다고 사회가 보증한 수단의 도움으로 죽음을 넘어서려 하는 소동은 기껏해야 연금술사의 재주에 비견되는 교묘한 마술에 불과하다. 그것은 고통스러울 정도로 빈약한 자원과 명백히 일시적인 능력만을 동원해 지속성, 아마도 영원한 지속성을 보장하려는 시도라고 할 수 있다. 물론 그것이 나중에 돌이켜볼 때 영웅이라는 칭호를 붙여도 될 만큼 탁월하고 예외적이며 놀랄 만한 성취일 수도 있다. 그러나 그러한 칭호는 오직 선택된 소수에게만 주어지는 특권으로서 의미가 있는 반면 사회가 '영웅 체계'라고 할 때의 핵심은 그와 반대로 그러한 성취를 이룰 수 있는 방법과 수단이 보통 사람 — 본래 '영웅주의'라는 개념이 가리키는 소수의 용감한 전사들이 보유한 세련되고 희소한 재능과 용맹성을 보유하지 못한 — 의 재량에 맡겨져 있다는 것이다. '**누구도** 그것을 할 수' 없다면 위의 전략은 효과를 볼 수 없으며, 사회는 '영웅 **체계**'가 될 수 없다. 딱 잘라 말하자면 '영웅 체계'라는 말은 모순어법이다.

사람들을 영원(성)으로 실어 날라줄 수송 수단의 경우 각기 다른 사람들에게 각기 다른 수송 수단이 주어진다고 해도 그러한 수송 수단들 사이의 가장 핵심적인 차이는 자가용과 대중 버스의 차이라고 할 수 있을 것이다. 베커의 주장은 수정이 필요하다. 즉 사회는, 그리고 인간 사회를 체계로 만드는 문화는 **영웅적이지 않은 보통 사람이 일상적으로 그리고 실제로 영웅적 업적을 성취할 수 있게 해주는** 장치이다.

실제로 죽음의 불가피성을 알면서도 그런 삶을 견딜만하게 해주는 문화의 두 가지 전략 — 한 가지가 아니라 — 이 있다.

가장 흔한 전략은 협의든 광의든 어떤 종류의 영웅주의도 필요로 하지 않는다. 사실 이 전략의 기능은 영웅이 되어야 할 필요성 그 자체를 없애거나 최소한 유예하는 것이다 — 이것은 초월 문제를 삶의 의제로 강요할지도 모르는 상황의 여지를 남기지 않는 것을 통해 이루어진다. 파스칼Blaise Pascal이 오래전에 말했듯이 '죽음을 치유할 수 없게 되자 …… 행복해지기 위해 인간은 그러한 것들은 생각하지 않기로 결심했다'. 파스칼은 이렇게 덧붙이고 있다.

> 위험이 없을 때 죽음을 생각하는 것보다 죽음을 생각하지 않을 때 죽음을 견디는 것이 더 쉽다.

이 말이 담고 있는 의미는, 진정한 위험이 우리의 마음을 사로잡고 감정을 메마르게 하고 행동할 수 있는 에너지를 고갈시키게 되면 여유로울 때보다 위험이 닥쳤을 때 죽음에 대해 덜 깊이 생각하게 된다는 것이다.

 매우 유사한 효과를 낳는 다른 소일거리들 — 죽음의 위협을 떨치는 것보다 곤란과 위험은 덜하지만 그에 못지않게 집중을 요구하는 — 이 사회적으로 실행되고 있다. 바로 날마다 살면서 해야 하는 일들로부터 죽음에 대한 숙고를 짜내어버리는 것이 그것이다. 파스칼의 견해에 따르면 이것들은 **여흥**[기분전환]diversions으로서, 한순간도 아무 생각 없이 게으르게 보내지 않도록 한 사람에게 주어진 시간을 남김없이 채움으로써 사람들이 중요하다고 생각하는 인생의 문제들에 몰두하는 무익한 일(시간과 정력을 소모하기 때문에)에 **빠져들**지 않도록 해준다. '사람들이 원하는 것은 우리가 처한 불행한 상황을 생각할 여지를 주는 안이하고 평화로운 삶'이 아니라 '그러한 상황을 잊고 다른 곳으로 주의를 전환하도록 해줄 수 있는 흥분'이다.[5] 이러한 흥분을 선호하기 때문에 사람들은 사냥을 포획보다 우위에 둔다. '산토끼 자체는 죽음에 대한 생각으로부터 우리가 벗어나게 해주지 못한다 …… 그러나 산토끼를 사냥하는 것은 그렇게 해준다'(또는 희망을 갖고 여행하는 것이 목적지에 도착하는 것보다 더 낫다는 루이스 스티븐슨Robert Louis Stevenson의 금언도 있다). 죽은 산토끼는 사냥꾼들의 우선 순위 목록에서 제일 밑부분에 놓일 가능성이 있지만 사냥은 맨 위에 놓여 있고, 앞으로도 그래야 한다. 왜냐하면 그 자체가 아무리 헛수고로 끝난다 하더라도 그러한 헛수고는 정말 문제가 되는 다른 헛수고를 완전히 덮어주는 데 꼭 필요하기 때문이다.

셸러Max Scheler는 '여흥[기분전환] 전략'이 널리 적용된 후의 결과에 주목했다. 그러나 셸러는 파스칼과는 달리 여흥[기분전환]을 통한 탈출을 영구적인 인간의 곤경보다는 역사 속의 한 사건으로 보았다. 즉 현대에 들어와 일어난 존재 양식의 혁명의 결과로 본 것이다. 그는 이처럼 새로운 사태가 인간의 초월 충동에 대한 치명적 위험이 된다고 개탄했다.

죽음은 현대인들의 시야에서 제거되었으며, '더이상 보이지 않는다.' 셸러의 견해에 따르면 이러한 '죽음의 부재non-being'는 '현대적 의식의 음화적陰畵的 환영'이 되었다.[6] 죽음은 더이상 위엄을 갖춘 채로 정당한 존경을 받으면서 맞이되어야 할 인간 운명의 한 부분이 아니라 권총에 맞거나 지붕에서 떨어진 벽돌에 맞는 것 같은 유감스러운 재앙 정도로 강등되었다. 죽음이 삶의 시야에서 사라지고 더이상 장기 계획의 방향이나 일상의 질서를 잡는 역할을 하지 않게 됨에 따라 삶은 내적 응집력을 상실했다. 삶은 '신기한 우연의 일치로 다음 날이 없을 때까지' 그저 하루하루 살아진다. 그렇지만 일단 **죽음에 대한 공포**가 일상 생활에서 후퇴하거나 사라지자 그것은 그것이 일깨워야 할 소중한 영혼의 침묵도 가져오지 못하게 되었다. 그것은 즉각 **삶에 대한 공포**로 대치되었다. 다시 이 삶에 대한 공포는 언제나 새로운 것을 소유하려는 해갈되지 않는 갈증과 '진보'에 대한 숭배로 점철된 '삶에 대한 계산적 접근 방식' — 그 자체로는 의미도 목적도 없는 생각 — 을 초래한다. 여기서 셸러는 좀바르트Werner Sombart의 잊을 수 없는 견해를 인용하는데, '전진하는 것'만이 그러한 접근 방식의 유일한 실제적 의미라는 것이다.

'장기적인 것'이 그 자체로서 무자비하게 평가절하되는 것은 이미 사라졌거나 극히 희박하거나 절멸될 위험해 처한 속성들 — 견고하고, 내구성 있고 오래가며, 그리고 궁극적으로는 **영원성**을 띠는 사물과 상태의 속성들. 앞의 모든 현상 형태들은 그저 불완전한 (하지만 도달하려는 동경과 희망은 있는) 근사치들이다 — 의 공통분모이다……. 영원성이 중시된 시절은 이미 지났다고 말하고 싶어진다. 사실 그러한 시절은 매우 길었다(몇 해, 몇 세기, 몇천 년에 이를 정도로). 영원성은 인류가 시작된 이래부터 신뢰할 수 있는 인간의 동반자/안내자였던 것처럼 보인다. 그러나 영원성에 이르는 길과 인간의 길은 서로 갈라졌거나 막 갈라지려고 하는 듯하다. 사람들은 이제 어린 시절부터 노년에 이르기까지 어렴풋하게조차 본인들의 여행의 의미를 알지 못한 채 그리고 여행에 의미가 있는지에 대한 확신조차 하지 못한 채 걸어가야 한다.

영원성은 문화의 몇 안 되는 진정한 보편적 특성이었다. 이것은 논리적으로 훈련받아 냉정하게 사고하는 사람에게는, 적어도 그가 처음 살펴볼 때는 이상하게 보일 것이다. 사실 '영원한 지속성'을 **심상화**하는 데만도 대단한 상상력이 필요하며, 그것을 **시각화**하는 것은 인간의 오감으로는 불가능하다. 인간 경험의 '내부'로부터는 어떤 형태로든 영원성을 찾아낼 수 없다. 그것은 보거나 만지거나 듣거나 냄새 맡거나 맛볼 수 없다. 하지만 여전히 우리는 영원성을 자명한 것으로 여기는 사람들을 헛되이 찾아 헤맨다. 영원성에 대한 의식(영원성에 대한 믿음이라고 말하는 편이 나을 수도 있다)은 실로 인류를 규정하는 특성 중의 하나로 간주할 수 있다.

이러한 역설에 대한 해결책은 인류의 또다른 보편적 특성인 언어에 있는 것 같다. 또는 ─ 인간이 언어를 갖고 있다는 사실과 밀접히 결부된 ─ 또다른 역설에 있다고 할 수도 있다.

우리 인간은 언어를 갖고 있기 때문에 모든 생물은 죽을 수밖에 없으며, 우리 각자도 죽을 수밖에 없다는 사실을 인식하지 않을 수 없다. 우리(좀더 정확하게 말하면 나)는 죽을 것이고, 조만간 우리가 직접 또는 간접적으로 아는 사람들, 우리 삶과 연결되어 있는 모든 사람들도 죽을 것이다. 그러나 같은 이유로 인해 우리 중 누구도 죽음의 경험을 가까이 느끼지 않는다. 언어는 우리에게 **사물**의 상태를 알려줄 수도 있지만 또한 우리 ─ 말의 창조자, 말의 사용자, 그리고 말의 창조물 ─ 를 사물의 존재적 본성과 사물의 직접성으로부터 잘라 떼어내는 칼이기도 하다. 우리는 단어들을 날실과 씨실로 해서 우리(또는 이 경우에는 어떤 다른 언어 사용자들이든지)가 경험하지 않은 '현실'을 그려내는 화폭을 짤 수 있다. 그러한 '비재현적' 화폭들의 진실성과 신뢰성은 다른 화폭들의 진실성과 신뢰성과 크게 다르지 않다. 따라서 언어 덕분에 우리는 우리가 그 속에서 배제된 우리의 세계를 대리인으로서 '경험'할 수 있다. 이 세계는 안에 **우리를 포함하지 않는** 세계이며, **우리가 더이상 존재하지 않을** 때 있을 법한 세계이다. 그러한 세계는 공포를 자아낸다. 그러한 세계는 우리가 아직도 그러한 세계의 일부인 동안에 하거나 할지도 모르는 일들을 하찮은 것으로 보이게 만든다. 그러한 세계로의 입장을 재고의 여지없이 거부당하는 것은 굴욕적이고 품위가 훼손되는 거절 중에서도 가장 고통스러운 거절이다. 아마도 그러한 거절은 심지어 거부, 배척, 블랙리스트, 냉대, 유형, 추방 — 그러한 거절의 희미한 복사본들 — 이 최고의 잔인한 행위가 되는 과정의 원형이라고까지 말할 수도 있을 것이다.

그러나 언어의 약국에서는 독약이 들어 있는 병에 해독제가 딸려오는 경향이 있다. 현재 우리가 검토하고 있는 경우를 예로 들면 일시성의 고통은 영구적 지속성의 암시와 더불어 온다. 유한성은 무한성과 함께, 순간성은 영원성과 함께, 필멸성은 사후의 생명과 함께 한 꾸러미로 포장되어 있다.

스타이너George Steiner는 이렇게 말한다.

우리가 지금부터 십억 년 후의 우주에 관해, 허구적으로든 수학적·우주론적으로든, 이야기할 수 있기 때문이다. 우리가 …… 화장된 다음의 월요일 아침을 개념화할 수 있기 때문이다. '만약에'로 시작하는 문장들이 …… 강요에 의하지 않고 말해진 경우에 과거와 현재와 미래를 부인하고 재구성하고 변경하며, 실제 현실의 결정 요소들의 지도를 **달리** 그릴 수 있기 때문이다 — 실존이 계속해서 경험할 가치가 있는 이유가 바로 그것이다. 희망은 문법이다.[7]

스타이너는 서둘러 이 재주는 결코 기적에 뒤지지 않는다고 덧붙인다. 단지

> 'to be'의 미래인 'shall'과 'will'에 대해서만 생각해보라. 그러한 단어들을 발음하면 공포와 희망, 재생과 혁신 — 미지의 것들의 지도를 그리는 수단인 — 이 숨쉬는 공간이 형성된다.

인간의 창의성이 낳은 엄청나고 놀라운 성취를 보고 느끼는 경외감 자체는 그리 놀라운 것이 아니다. 그것에 한 묶음으로 딸려오는 것이 진정 놀라운 것이다. 무익한 것을 가치 있는 것과 함께, 어리석음을 분별력과 함께, 공포를 희망과 함께 일괄 구입한 것은 아마 인류가 맺은 가장 좋은 거래였을 것이다.

영원성의 발명은 진정 언어의 마술이다. 그것은 신기하고 놀랄 만한 발명이다. 그러나 또한 발명되지 **않을** 수 없었던, 불가피한 것이었다. 언어 능력을 부여받은 인간과 같은 종種이 영원성을 발명하지 못한다면 그것이야말로 상상할 수 없는 일 — 그러한 종이 자신이 언젠가 죽는 존재라는 사실을

의식하지 않고 살아갈 수 있다는 이유만으로도 — 이다. 그러나 영원성의 전망은 가공되지 않은 본래의 날것 형태로는 죽음의 확실성이 낳은 절망을 강화할 뿐이다. 공포와 희망을 한 꾸러미에 포장하기 위해서는 곧 끝나게 되는 삶을 영원히 지속되는 세계와 연결하는 인대나 넝쿨이나 경첩 같은 것이 필요했다.

도스토예프스키Fyodor Dostoevsky의 카라마조프가의 형제들 중 가장 '지적인' 인물인 이반은 인간이 영원성을 인식하며 산다는 것이 얼마나 힘든지 알았고 그러한 인식 없이 인간으로 산다는 것이 얼마나 힘든지도 그에 못지않게 잘 알았다……. 이반은, 이 소설에서 고등 교육을 받은 또다른 인물인 라키친에 따르면 사랑은 자연의 본성을 거스르는 것이며, 만약 사람들 사이에서 사랑이 생겨났다면 그리고 계속 생긴다면 그것은 오로지 인간들이 자신들의 불멸성을 믿고 있기 때문이라고 단언했다.[8] 일단 그러한 믿음을 잃어버리면

> 사랑만 고갈되는 것이 아니라 그들을 살아 있게 하는 생명의 약동마저 고갈된다. 나아가 그렇게 되면 어떤 것도 부도덕하지 않게 되며, 무엇이든 허용되고, 심지어 식인도 허용될 것이다…….

신과 불멸성을 더이상 믿지 않고, 신앙을 이성으로 대체하면 이기심만이 유일하게 의미 있는 규칙이 된다. 이반은 그의 신념을 밝히라는 압력을 받았을 때 '불멸성이 없으면 선함도

없다'는 것을 인정한다.

라키친 본인에 대해서는 이반의 형 드미트리가 다음과 같이 보고한다. 그가 생각하기에

> 현명한 사람에게는 모든 것이 허용된다 …… 화학 작용이다, 형제여, 화학 작용. 신께서는 아무것도 하지 않는다. 물러나시라. 화학이 나가신다.

일단 모든 인간이 신과 영원성을 제거하면 사람들이 '오직 지금 바로 이 세상에서의 행복과 쾌락을 위해 삶이 줄 수 있는 모든 것을 취하려고' 전력을 기울이게 되는 일이 벌어질 것이다(연속적인 지질학적 단층의 무자비한 논리에 따라 일어나고야 말 것이다). 그때가 되면 신성한 정신과 '거대한 자부심'으로 가득 찬 인간들 자신이 '신처럼' 될 것이다. 인생은 그저 스쳐 지나가는 순간에 불과하며, 두번째 기회는 주어지지 않는다는 것을 알게 되면 사랑의 속성은 변할 것이다. 사랑은 머무를 시간이 없을 것이다. 사랑은 지속성을 잃는 대신 강렬함을 얻을 것이다. 사랑은 영원성과 불멸하는 영혼의 삶 위에 평평하고 얇게 펼쳐지던 과거와 달리 한순간에 철저히 모든 것을 경험하고 소모될 운명이라는 것을 알고 있기에 그 어느 때보다도 더 눈부시게 타오를 것이다…….

사탄이 이반의 악몽에 나타나 기분전환 삼아 이야기하는 것이 바로 이것이라는 점에 주목하자.

악몽? 왜 악몽인가? 지금까지 사탄, 그리고 학식 있는 몇몇 사람만이 보유한 총명함에 전 인류가 도달하려면 수천 년이 필요하기 때문이다……. 나머지 인간들이 미신에 빠져 허우적거리며 영원성의 어두운 회랑을 더듬어나가고 있을 때 개화된 몇몇 사람은 신 — 필멸할 사람들 가운데 있는 **불멸하는** 신이 아니라 노예들의 세계에 있는 **자유로운** 신 같은 — 이 될 것이다. 왜냐하면

> 신을 심판하는 법은 없기 때문이다! 신이 서 있는 곳이 바로 신의 자리이다! 내가 설 자리가 첫 처소가 될 것이다 …… "모든 것은 진행된다" — 그리고 그뿐이다!

아마 이성의 지혜로 나아가는 길의 맨 끝에 열정적인 사랑의 낙원이 기다리고 있을지도 모른다. 하지만 그러한 길을 걷는 데는 수천 년이 걸릴지도 모른다. 그리고 그 길을 한 걸음 한 걸음, 한 해 또 한 해 걸어가는 동안은 곧 지옥일 것이다. 지옥이 낙원으로 이끄는 길이 될 수 있을까? 그리고 낙원은 수천 년 동안 지옥을 겪고 얻을 만한 가치가 있을까?

이것은 이반 카라마조프나 라키친 같이 학식 있는 사람(또는 실로 사탄)이 계속 질문하며 고민할만한 질문이다. 하지만 유대인의 전승에 따르면 역사의 어느 시점에서 예언의 시대, 하느님이 인간에게 말하는 시대는 끝났다(현대로 접어드는 문턱에서 파스칼은 숨어계신 하느님*Deus absconditus*이라는 사상을 통

해 그러한 종료를 재발견한다. 일단 신과 인간 사이의 집단적 중재자로서 교회의 권위가 쇠약해지기 시작하자 인간들은 그들의 외침에 아무런 응답도 없으며 상대편 쪽에서 아무런 목소리도 들려오지 않음을 알게 되었던 것이다). 제이 영^{Larry Jay Young}의 말대로 '하느님은 전에 열어놓았던 의사소통의 채널을 닫아버리기로 결정했다. 누구도 그 이유를 진실로 이해하지 못했다.' 불순종하고 변덕스럽고 못된 장난에 탐닉하는 인간들이 하느님을 공격하고 탈마법화하고 쫓아냈는가? 아니면 자신의 피조물을 시험하고, 인간들이 얼마나 가르침을 잘 (혹은 잘못) 받았는지 살피고, 인간들이 자신에게 부여받은 세계의 유혹과 불쾌함에 어떻게 대처할 수 있는지 살피는 것이 하느님의 바람이었을까? 아니면 아마 직통선이 끊겼다는 사실은 단지

> 하느님이 우리 주변을 맴돌며 우리의 모든 움직임에 대해 일일이 참견할 필요가 없어졌다는 것을 알리는 하느님의 방식인지도 모른다 …… 하느님은 우리가 자주적으로 행동하고, 서로에 대해, 그리고 우리가 돌볼 세계에 대해 정의를 행할 수 있다는 것을 믿어야 한다. 단 하나 남은 문제는 인간들이 하느님의 신뢰를 받을 만한 가치가 있는지 여부를 입증하는 것이다.[9]

'예언 시대의 종언'이 궁극적으로 의미하는 것은 우리 인간들이 선택해야 하는 운명을 부여받았다는 것이다. 이 선택은 결국 올바른 선택이었다고 증명될 확실성이 없는 선택이

며, 그럼에도 불구하고 불확실성의 저주를 어떻게 하면 지워 버릴 수 있는지 (지울 수는 있는지!) 알 수 없기 때문에 반복해서 행해져야 할 선택이다. '어떤 의심의 여지도 없고' '어떤 불복종도 허락되지 않는' 권위주의적 명령에 의해 버려지고, 잔인한 평결과 그 결과로서 따라오는 책무의 과중함으로 인해 고통받았기 때문에 인간들은 선택의 필요가 없는 태평하고 마음 편한 상태와 자신의 행위가 선한 행위 혹은 악한 행위로 귀결될 것을 염려하지 않아도 되는 상태를 '낙원'이라고 불렀다.

하느님이 숨어 있다는 것을 알게 된 때는 현대의 여명기였다. 그리고 말씀하는 하느님 뒤에 문화가 숨어 있었다는 것이 발견된 때도 현대의 여명기였다. 필멸의 삶을 세계의 영원성과 연결하는 과제를 떠맡고, 격렬하게 흘러가버리는 인간적 성취들의 일시성에서 견고성과 지속성의 부스러기를 추출(보들레르의 표현을 빌리자면)하는 것은 이제 인간들이 만들었고 또 만들고 있는 문화의 임무가 되었다.

오늘날 모든 대기와 지체와 지연은 열등함의 낙인이 된다.
권력 위계의 드라마는 수많은 입구 로비와 대기실에서 날마다 다시 공연된다(비서와 개인 보조원들이, 그러나 점점 더 자주 경비원들이 무대 관리자 역할을 맡은 가운데 말이다). 이곳에서 몇몇 (열등한) 사람들은 '자리에 앉아' 계속 기다리라는 말을 듣지만 다른 몇몇 (우월한) 사람들에게는 '언제든 면담이 허락된다.' 특권의 표지(아마 가장 강력한 계층화 요인들 중의 하나인)는 지름길에 대한 접근, 즉시 요구를 만족시키는 수단에 대한 접근을 가능하게 해준다. 위계상의 위치는 원하는 바를 충족시키는 데 걸리는 시간의 길이를 줄이거나 완전히 제거하는 기술(또는 서투름)에 의해 측정된다. 사회적 위계에서의 상승 정도는 원하는 바(그것이 무엇이든)를 지체 없이 **당장** 얻을 수 있는 능력의 향상에 의해 측정된다.

'영원성'은 상상력의 산물이라는 점을 상기하도록 하자. 그것은 '장기간' — 끝이 보이지 않는 아주 긴 시간 — 의 경험과 부서지거나 사라지지 않고 주위에 머무르는 사물과 사람들에 대한 경험에서 시작된다. 그것은 그러한 경험, '그것(그녀/그 남자)이 항상 그곳에 있고' '그것(그녀/그 남자)이 사라지지 않는' 상황이 끝없이 단조롭게 반복되는 경험에서 시작된다. '영원성'이라는 관념은 이러한 경험, 얼굴과 장소, 관례와 의례, 장면과 음향 — 낯익은, 그리고 앞으로도 지금처럼 낯익은 상태로 남아 있을 — 의 경험으로부터 형성된다. 그러나 지금은 변화무쌍한 만화경적인 장면들의 유사流砂에 빠져 그러한 경험을 거의 하지 못한다. 모든 사람의 생활세계 속에는 '바위처럼 견고한' 것은 고사하고 '신뢰할 만하다'고 부를 수 있는 것조차 거의 남아 있지 않다.

유럽 연합 국가 중의 하나에 살고 있는 내 한 친구는 매우 지적이며 훌륭한 교육을 받았고 아주 창의적이며 수개 국어를 완벽하게 구사하는 사람으로서, 대부분의 취직 시험과 면접에 우수한 성적으로 당당히 합격할만한 사람인데, 사적인 편지에서 '노동 시장이 거미집처럼 연약하고 자기 그릇처럼 깨지기 쉽다'는 불만을 털어놓았다. 그녀는 통상적인 시장의 기복을 모두 겪으면서 자유 계약 번역자와 법률 자문가로 2년간 일했다. 싱글맘인 그녀는 보다 고정적인 수입을 원했고, 그래서 매달 월급을 받는 지속적인 일자리를 선택했다. 그녀는 신규 사업가들에게 해당국의 복잡한 법률과 유럽 연합 법률에 대해 알려주는 업무를 하는 회사에서 1년 반 동안 일했지만 신규 사업체의 창립이 줄어듦에 따라 회사는 즉각 도산하고 말았다. 이후 1년 반 동안은 농무부에서 일하면서 발트해 연안의 신생 독립국들과의 대외 업무를 담당하는 부서를 운영했다. 다음 선거에서 집권한 새 연립 정부는 해당 업무를 사기업에 넘기고 부서를 해체했다. 다음번 직장은 겨우 반 년 만에 그만두게 되었다. 정부의 인력 감축 계획에 따라 그녀가 일한 국가 인종평등 위원회에서 그녀를 잉여 인력이라고 결정한 것이다.

채 20년도 안되는 사이에 깜짝 놀랄 만한 성공과 믿어지지 않는 붕괴를 겪은 거대 마케팅 기업 엔론Enron의 파란만장한 이야기는 상세한 자료로 남아 있다. 새 경영자들(먼저 레이 Kenneth Lay, 그 다음에는 스킬링Jefferey Skilling)의 주도하에 엔론은 거의 하룻밤 사이에 다소 모험심 없는 지방의 석유 판매 회사에서 연달아 성공 가도를 달리는 회사로 올라섰고, 유수한 경제학자들과 금융 전문가들은 그들의 지칠 줄 모르는 경제적 성장의 갈망을 찬양했지만(월시Conal Walsh가 당시의 지배적 견해를 요약한 바에 따르면 '레이와 스킬링은 규제 철폐의 영웅이자 자유 시장의 사도로 비추어졌으며' '가라앉지 않으려면 헤엄치라는 무자비한 철학'을 확고히 견지한다며 찬양받았다)[10] 얼마 지나지 않아 똑같은 권위자들이 이구동성으로 엔론을 비난하고 이전의 견해를 번복했다. 그러나 레이건Ronald Reagan의 규제 철폐 정책('엔론은 그것을 기회로 포착해 활용했다')이 연이어 채용되거나 해고된 엔론 직원들의 곤경과 사기와 세계관과 생활 전략에 미친 영향에 대해서는 훨씬 논의가 적게 이루어졌다(훨씬 더 흔한 문제였지만 상대적으로 특이하지 않았고 물의를 덜 일으켰기 때문이다). 취업 지원자들은 '매우 엄격한 심사 과정을 거쳤고, 매사를 절박하게 행한다는 것을 보여주어야 했다'. 정말로 **매사**에서. 그것은 일회성의 시험이 아니었으며, 엔론에서의 삶은 절대로 중압감이 누그러지지 않는 시험의 연속이었다. 시간이 지남에 따라 신뢰가 누적되는 일은 없었고, 아무리 인상적인 성공의 기억도 어제의 '대성공'이 또다른 더 눈부신 대성공으로 이어지지 않는 한 다음 날 아침이면 사라졌다.

> 일 년에 두 차례 전 직원의 15%가 관례적으로 해고되어 새로운 직원으로 대체되었다. 그런 다음의 30%는 생산성을 높이라는 경고를 받았다.

'고참'과 신참을 막론하고 직원들의 절대적인 헌신이 요구되었으나 일자리는 오래 가지 않았다. 엔론은 평생의 계획을 세울 수 있는 부지가 아니라 그저 세우기 쉽고 접기는 더욱 쉬운 휴대용 텐트를 세울 수 있는 야영지였을 뿐이다. 회사 생활은 잉여 인간으로 전락하는 벼랑 끝을 맴도는 생활이었고, 날마다 쓰레기 처리를 시연하는 기분을 느끼게 했다. 누구든 쓰레기로 처리되는 순서가 닥치는 것이 멀지 않았기 때문에 대부분의 경우 그것은 불의의 재난이라기보다는 긴장의 해소로서 환영받을 수 있었다. '너무 치열한 회사의 업무 문화'가 직원들의 '사기와 내적 단결력을 파괴했다'. 또한 그러한 문화는 미래에 그들이 쓰레기로 배정되는 것과 그런 미래가 실현되도록 만드는 현 상태에 저항할 힘을 약화시켰다. 자기 책상을 정리할 시간이 왔을 때 — 틀림없이 그런 시간은 올 것이며, 그것도 빠른 시일 안에 올 것이다 — 그런 직원들이 집으로 가져갈 수 있는 유산으로 남아 있는 것이라곤 권력의 자리와 쓰레기 더미, 영광의 순간과 굴욕적인 실패, 명예로운 휘장과 오욕의 낙인, 그리고 따뜻한 포옹과 차가운 거부를 나누는 선이 얼마나 가늘고 취약한 것인가 하는 깨달음, 소박하지만 의심할 나위 없이 유용한 깨달음뿐이다.

사실 그들은 아마 다른 것들도 가져갈 것이다. 그들이 배운 두 가지 중요한 교훈 말이다.

첫번째 교훈. 하루하루는 그로부터 얻을 수 있는 만족만큼

— 결코 그보다 많지는 않은 — 의 가치가 있다. 당신이 현실주의적으로 희망하고 추구할 수 있는 목표는 **다른 오늘**이지 **더 나은 내일**이 아니다. 미래는 당신의 손이 (그리고 이 문제에 관해서는 어떤 사람의 손도) 미치지 않는 곳에 있으니, 무지개 너머에 있는 황금 단지를 찾아 헤매는 일은 그만두어라. '장기간'에 대한 걱정들은 속기 쉬운 자나 선견지명이 없는 자들이 할 일이다. 프랑스인들의 말대로 '시간은 빠르게 지나가니까, 인생을 유용하게 활용하라.' ……그러므로 쓰레기 더미로 가는 여행들의 사이사이에 즐길 수 있을 만큼 실컷 즐기도록 노력하라.

두번째 교훈. 무슨 일을 하든 선택지를 남겨두어라. 충성의 맹세는 '장기간'에 대해 걱정하는 것과 마찬가지로 불운한 사람들의 것이다. 절대적으로 필요한 것보다 더 긴 기간을 투여하지 마라. 어떤 상처나 흉터도 남기지 않고 벗어날 수 있도록 얕고 약하게 관여하라. 다른 일상용품과 마찬가지로 충성과 맹세도 '유통 기한'이 있다. 그보다 한순간도 더 길게 유지하지 마라.

엔론 직원들의 경험은 이 회사의 갑작스러운 종말이 초래한 소란에 비하면 그렇게 특이한 것도 아니다. 그랬더라면 부국들의 연구 기관들이 '외상 후 스트레스 장애PTSD'를 치료하거나 완화할 수 있는 약을 개발하기 위해 지금처럼 그렇게 바쁘지는 않을 것이다(최근 『빌리지 보이스*Villege Voice*』의 보도[11]를 보라). 그러한 약을 기다리고 있는 거대 시장이 있는 게 분명하다. 푸에르토리코의 폰스 의과 대학의 과학자들은 두뇌가 학습된 공포와 금제를 '버리도록' 하는 데 도움을 주기 위해 애쓰고 있다. 하버드 대학에서는 '정신적 트라우마의 영향을 초기에 억제' 하는 수단으로 프로프라놀롤 정제propranolol pills를 사용하는 실험을 하고 있다. 캘리포니아 대학 어바인 캠퍼스의 연구원들은 이미 쥐들이 공포를 느낄 때 발생하는 호르몬 반응을, '그것이 유발하는 기억과 감정의 형성을 약화함으로써' 억제하는 데 성공했다. 다음은 무엇일까? 한 가지 가능성은 '화염과 비명, 귀를 멍하게 하는 폭발과 잊을 수 없는 매캐한 화약 냄새' 속에서 '여자들과 아이들의 조각난 시체가 흩어져 있는' 지역을 걸어가는 환상에 시달리는 병사로 하여금 '평생을 갈 파멸적인 양심의 가책을 2주일 만에 없앨 수 있는 알약을 서둘러서 다시 먹게 하는' 것이다. 그렇게 함으로써 이 병사는 처음부터 다시 시작할 수 있을 것이다. 연구자들은 PTSD의 원인에 대해서는 엄격하게 중립적인 태도를 취하고 있지만 그들 연구의 도덕성 그리고 그러한 연구가 가져오길 바라는 결과의 도덕성은 옹호한다. 그러한 약은 (병사든 엔론 직원이든) '과업을 성공적으로 수행한' 자들이 정신적 트라우마로 인해 쓰레기 처리장으로 버려지는 것을 막아줄 것이다. 연구의 반대자들은 이것이 인간을 쓰레기로 지정해서 신속하고 철저하게 처리해버리는 부도덕한 행위를 훨씬 더 쉽고 저렴하게 만들어 더욱 구미가 당기게 할 뿐이라고 지적한다. 이에 대해 나올 법한 반응은, 연구자의 일은 '병의 발병을 막는 것이지 병을 초래하는 사회적 환경을 바꾸는 것이 아니라'는 것이다.

『가디언』의 버크먼Oliver Burkman이 인터뷰한 18세의 한 영국 소녀는 교사로 일하는 아빠를 자신의 '반영웅反英雄'으로 선언했다.

> 나중에 삶을 뒤돌아볼 때 안전하고 영구적이라는 이유로 일자리를 선택했다는 것을 깨닫게 되기를 바라지 않아요.[12]

자녀들은 평생 한 직장만을 고수한 아빠들(만약 그런 아빠가 아직도 남아 있다면)을 경고이자 방해물로 간주한다. 그와 같은 삶이야말로 무슨 수를 쓰더라도 피해야 하는 것이다. 반면에 뉴욕의 한 제빵업자는 세닛Richard Sennett에게 이렇게 가치관이 충돌할 때의 아빠들의 입장을 이야기하며 불평했다.

> 아이들에게 헌신에 대해 이야기할 때 내가 얼마나 바보처럼 느껴졌는지 상상도 못할 겁니다. 아이들이 보기에 헌신은 추상적인 가치에 불과하고, 어디서도 그것을 발견하지 못해요.[13]

확실히 아빠들의 일생에서 헌신이 좋은 것이라고 확신할 만한 증거를 찾기는 어렵다. 아빠들은 자기 자신보다 더 견고하고 지속성 있는 것 — 직업, 대의, 직장 — 에 헌신하기 위해 애썼을지도 모르지만 그 결과 발견한 것은 평생 헌신을 제공하겠다는 그들의 제의를 받아줄 견고하고 지속성 있는 수용자는 없거나 극히 적다는 사실이다.

아직 싱싱하고 향기로운 것을 전속력으로 쫓아가서 붙잡는 것은 '잘나가는 것in'이다. 지체하는 것, 이미 그곳에 있는 것에 안주하는 것은 '뒤처지는 것out'이다. '잘나가는 것'과 '뒤처지는 것'은 이와 유사한 대립적 전략들을 따르는 사람들에게도 적용된다. 하버드 경영 대학원의 코터John Kotter 교수는 독자들에게 '종신 재직' 같은 장기간의 고용에 말려드는 것을 피하도록 권유한다. 사실 '사업 구상, 생산품 디자인, 경쟁자 정보, 자본재, 그리고 **모든 종류의 지식**이 신뢰성 있게 지속되는 기간이 더 짧아진' 시대에 조직에 대한 충성심을 고양하거나 오랜 기간 하나의 일자리에 지나치게 몰두하는 것은 무분별한 일이다(강조는 본인의 것이다).[14]

'시간은 돈'이라는 프랭클린Benjamin Franklin의 발견은 시간에 대한 찬사였다. 당신의 자본과 투자와 마찬가지로 시간은 가치이고, 중요하며, 귀하게 여기고 보살펴야 하는 것이다. 현대의 '조급 증후군'은 그와 반대의 메시지를 전달한다. 시간은 따분하고 지루한 것이며, 고통이고, 인간의 자유에 대한 공박이자 인간의 권리에 대한 도전으로서, 이것들 가운데 기꺼이 감수해야 할 의무나 필요가 있는 것은 없다. 시간은 도둑이다. 만약 당신이 기다리기로 동의하면, 인내심에 대한 보상을 받는 것을 연기하기로 동의하면 일단 왔다가 곧바로 영원히 사라지는 습성이 있는 기쁨과 즐거움을 누릴 기회를 빼앗기게 될 것이다. 시간의 경과는 인생의 대차대조표에서 차변(借邊)에 기입되어야 한다. 시간의 경과는 이득이 아닌 손실을 초래한다. 시간의 경과는 기회가 왔을 때 붙잡아야 함에도 불구하고 그러한 기회를 낭비했다는 것을 알려주는 것이다.

기다리는 것은 수치이며, 기다리는 것의 수치는 기다리는 사람에게 되돌아온다. 기다림은 나태함과 낮은 지위의 증거로 지목되며, 거절의 징후이자 배제의 신호로 간주될 수 있기 때문에 부끄러워해야 할 일이다. 자기가 진짜 필요한 존재가 못 되는 게 아닌가 하는 의구심 ― 의식 수준과 결코 멀리 떨어지지 않은 직관 ― 이 이제 표면으로 떠올라 수많은 파문을 일으키게 된다. 왜 나는 내가 탐내는 것을 갖기 위해 기다려야 하는가? 나의 소망은 응당한 가치를 인정받고 있는가? 그것은 마땅히 존중받아야 할 만큼 존중받고 있는가? 나는 진정으로 필요하고 환영받는 존재인가? 아니면 냉대받고 있는가? 만약 그렇다면 그것은 내가 이미 퇴출당하는 길에 접어들었다는 것을 암시하는 것인가? 나를 계속 기다리게 하는 사람들이 비밀리에 작성한 잉여 인간 목록에 다음으로 이름이 오를 사람이 나인가?

만약 이러한 것이 존재했다면 정말 악순환이다. 현기증 나는 변화의 속도는 오늘은 누구나 탐을 내며 바랄만한 모든 것을 처음부터 내일의 쓰레기라는 딱지를 붙여 가치를 떨어뜨린다. 한편 아찔하게 빠른 속도로 변화하는 삶의 경험이 자아내는 두려움, 즉 바로 내가 쓰레기로 전락하게 되리라는 두려움은 사람들의 욕망을 한층 더 탐욕스럽게 하고 변화를 한층 더 빨리 욕망하도록 만든다······.

'중산층에게 빚은 당연한 것이 되고 있다'는 것이 퍼블리시스Publicis사의 퍼디Lucy Purdy가 착수하고 감독한 연구의 필자들이 내린 결론이다.[15] 2002년 크리스마스 때 신용카드로 지출된 돈 가운데 17억 파운드 이상이 2003년 1월 말까지 결제되지 않을 것으로 예상되었고, 그에 따라 이미 전례 없이 증가한 부채는 더욱 크게 늘어날 것으로 예상되었다. 소비자 신용상담소Consumer Credit Counselling Service의 워커Frances Walker에 따르면 지금 도움을 요청하고 있는 고객/환자는 평균 약 2만 4천 파운드의 빚을 지고 있는데, 이는 작년보다 5% 증가한 액수이다. 영국의 소비자들은 영국 정치와 마찬가지로 미국인들의 통상적인 발자취를 그대로 따라가고 있는 듯하다. 미국 가계의 총 소비자 부채는 1964년 2천억 달러에서 2002년에는 7조 2천억 달러로 증가했는데, 이것은 2002년 말 현재 총 개인 소득의 40%에 이르는 액수이다.[16]

퍼블리시스사의 연구원들이 인터뷰한 사람들은 5명 중 3명꼴로 사고 나서 나중에 후회한 물건들을 사느라고 빚을 졌다고 시인했으며, 3명 중 1명꼴로 경제적으로 감당할 수 없는 물건들을 샀다고 시인했다. 그들이 느낀 유혹은 저항할 수 없을 정도로 컸다. 이 보고서의 필자들은 그러한 욕망의 희생자들에게 다음과 같이 충고했다. '할인 판매의 유혹에 정 저항할 수 없으면 미리 15~30분간만 머무르겠다고 결심하라.' 바꾸어 말하면 생각할 시간을 더욱 짧게 줄이라는 것이다. 살까 말까 고민하는 시간이 길어질수록 위험은 더 커진다. 짧은 시간 안에 쾌락을 충족하려는 행동 방식의 병폐를 치료하는 길은 그러한 시간을 더 짧게 줄이는 것이다…….

이 보고서의 필자들은 리즈에 살고 있는 29세의 한 디자이너가 밝힌 신조를 인용하고 있다.

> 나는 순간을 위해 사는 것이 좋다고 생각한다. 내가 지금 무엇인가를 원하면 일 년 동안 돈을 모으는 것이 아니라 신용카드로 구입할 것이다 …… 집에 있으면서 나 자신에게 인색하게 구느니 차라리 외상으로 사겠다.

그리고 28세의 윈체스터 공무원은 솔직하고 과장 없이 다음과 같이 고백하고 있다.

> 첫번째 신용카드를 발급받자마자 최고 한도액까지 써버린다. 그리고 첫번째 카드 빚을 갚기 위해 또다른 카드를 발급받는다. 얼마 지나면 그것은 모노폴리Monopoly 게임 속의 돈처럼 여겨진다. 이미 2만 파운드의 빚을 진 마당에 그까짓 200파운드쯤 빚을 더 지는

것이 대수냐고 생각하기 시작하는 것이다.

또 하나의 체념적인 고백을 들어보면 다음과 같다.

분수에만 맞게 산다면 아무것도 할 수 없다.

루시 퍼디는 연구 결과에 대해 이렇게 설명하고 있다.

전반적인 불만족은 우리의 개인적인 삶이 점점 더 방종과 조급함에 빠지게 했다. 이제 우리는 우리의 운이 더 좋아지기를 바란다. 그 결과 우리는 빚을 지게 된다. 가장 중요한 사실은, 빚을 지는 것이 도덕적으로 나쁜 일이라는 생각이 사라지고 있다는 것이다.

신기하고 놀랍고 당황스럽게도, 외상 구매는 유동적 현대 세계의 거주민들이 가까스로 용납하고 참는 것이 아니라 즐거이 빠져드는 유일한 장기적 형식의 계약이다. 심지어 빚을 지는 것을, 유해한 종류의 다른 계약들과 싸워 극복하는 것을 도와주는 양호한 종류의 계약으로 여기기 시작했다. 신용카드 회사들이 전심으로 보증하는 믿음, 즉 당신이 다른 신용카드 회사에 진 빚을 떠맡아 '갚아준다는' 약속……. 이것은 별로 논리적이지 않다. 하지만 소비 사회는 논리와 소비자들의 논리적 행위에 의해 번영한다고 말할 사람이 소비 사회에 고용된 혹은 그것의 자발적인 찬양자들 말고 어디 있겠는가?

왜 외상 구매와 빚을 질 기회가 몹시 필요한 것으로 느껴지고, 그렇게 열성적으로 제공되며, 그토록 기쁘고 감사하게 수용되는가? 간단하고 즉석에서 할 수 있으며, 또한 위에서 본 바와 같이 가장 공통적인 대답은 이렇다. 그것은 우리의 욕구, 욕망이나 필요를 더 빨리 그리고 더 철저히 만족시켜준다. 그러나 다시 생각해보면(비록 휘몰아치는 수요 공급 게임의 속도는 다시 생각하는 것을 거의 허용치 않지만) 외상 거래의 용이성이 주는 주요한 이점은 더이상 욕구와 욕망과 필요의 대상이 되지 않는 것들을 쉽게 버릴 수 있도록 해준다는 것이다. 한 번 더 생각해볼 때, 일단 외상으로 물건을 사고 빚 속에 사는 것이 당연한 일이 되면('빚을 지지 않으면 돈을 모르는 사람으로 여겨진다.' 빚을 지는 것은 '현명한 일로 여겨지는 것 같다' — 퍼블리시스의 연구원 중 한 명인 스케이프$^{\text{Neil Scaife}}$는 이렇게 말하고 있다) 외상과 빚은 소비자들의 생활 양식에 더욱 깊숙이 파고들어간다. 외상과 빚은 새로운 욕망의 탄생을 가속화하고 욕망의 발생과 그것의 충족 사이에 놓인 길의 거리를 줄일지도 모르지만 욕망이 사라지고 그것이 분노와 거부로 바뀌는 것 또한 가속화한다. 결론적으로 말해 외상과 빚은 욕망의 대상들의 수명을 단축시키고 그것들이 쓰레기 더미로 가는 여정을 더욱 용이하고 빠르게 한다. 외상과 빚으로 사는 방법이 손닿는 곳에 늘 있는데 왜 '완전한 만족을 주지 않는' 것에 매달려 있겠는가(이 '완전한 만족'이 무엇을 의미하든 말이다)? 외상과 빚은 쓰레기의 산파 역할을 하며, 이러한 역할이야말로 소비 사회에서 외상과 빚이 눈부시게 발전할 수 있는 가장 뿌리 깊은 근거이다.

오건더힌Michelle Ogundehin은 대부분의 다른 도시 주민들이 모방하려는 도시인 LA가 '오늘의 유행을 내일이면 철 지난 유행으로 만드는 솜씨'가 있다고 쓰고 있다.[17] 최근 LA의 건축 회사인 마멀 래지너Marmol Radziner는 하루아침에 유명해졌는데, 이 도시의 기준으로 볼 때도 놀랍고 충격적이고 매우 기발한 아이디어 덕분이었다. 그것은 1946년에 지어진 집(최근까지 매닐로Barry Manilow가 살았던)에 덧씌워진 후대의 유행을 제거하고, 본래의 (하지만 오래전에 경멸의 대상이 되어 잊힌) '모던 스타일'을 복원하는 것이었다. 이 놀랄만한 쓰레기 재활용 기술의 발휘는 사람들의 심금을 찐하게 울렸음에 분명하다. 적어도 당분간 이 회사의 두 동업자가 이 도시 부자들을 위한 취향의 패턴을 설정하게 될 것이다. 이제 그들은 '낭만적 관점을 채택'하며, '시간을 초월한 무언가'를 꿈꾼다. 시간을 초월한 것? 그들이 꿈꾸는 것은 '20년이 지난 뒤에도 끄떡없이 서 있을 아름다운 건물을 짓는 일'이다.

라이프스타일 잡지에서 '무엇이 새로운 것인가?' 또는 '무엇이 잘나가는 것인가?' (당신이 소유해야 하고, 행해야 하고, 소유하고 사용하고 있다는 것을 보여주어야 하는 것)를 다루는 칼럼들은 '무엇이 뒤처진 것인가?'와 당신이 소유하면 안 되고, 행하면 안 되고, 소유하고 행하는 것을 보여주면 안 되는 것을 다루는 칼럼들 바로 옆에 실린다. 최신 유행에 관한 정보는 최근의 쓰레기에 관한 뉴스와 한 묶음으로 실린다. 후자의 정보의 규모는 잡지 발행 호수가 늘어날수록 커진다.

루Caroline Roux는 ('2003년의 유행'이라는 제목으로, 그러므로 당신이 아래의 글을 읽을 때는 아마 몹시 시대에 뒤떨어진 정보가 될 글에서) 이렇게 자인하고 있다.

나는 인테리어가 패션과 똑같이 가치 없는 유행의 희생물이 되지 않기를 바랐지만 그렇게 되고 말았다. 만약 작년에 유행한 바바리 코트를 걸치고서도 멀쩡해 보인다면 왜 작년에 유행한 마루를 까는 데 투자하겠는가?

그리하여 예를 들어

저 커다란 백합 무늬 그릇들을 없애야 한다. 그것들은 구식이다.
반투명 플라스틱 제품에 더이상 빠져들지 마라.
거대한 최신형 소파는 해답이 될 수 없다.
고무와 리놀륨 제품은 약간 한물간 듯하다.

그러고 나서 독자들이 이것들을 최종적 판결로 오해하고, 필요한 지혜를 다 갖추었으니 반가운 안식의 시간이 도래할 것이라고 생각하지 않도록 마지막으로 이렇게 충고하고 있다.

지금으로서는 나무 모자이크 마루를 택하겠다. 하지만 6개월 뒤에 다시 물어보라.[18]

퍼파이디즈Peter Paphides는 옛날의 7인치 싱글 음반들을 그리워하며 이렇게 회상하고 있다. 짧게 연주되는 당시의 음반들은 시간과 감정을 과도하게 투자하도록 요구하지 않으면서도 우리 현대인들이 갈구하는 더없이 행복한 경험을 제공해주었다. 이처럼 향수에 젖은 어조를 해석하는 한 가지 방식은, 옛날 음악들이 얼마나 시대를 앞선 것이었는지를 이제야 느낄 수 있을 만큼 우리가 성숙했다는 것이다 — 당시 음반들은 당시 우리의 귀를 건너뛰어 직접 현재 우리가 살고 있는 것과 같은 종류의 삶에게 이야기하며, 우리가 오늘날 지키려고 애쓰는 기준을 충족시켜주었다는 것이다.

싱글 음반에는 무언가 정직한 면이 있다. 그것은 당신에게 노래를 한 곡 파는 것이며, 그것이 전부이다. 그것은 환영받지 않을 정도로 오래 머물지 않는다.

싱글 음반을 구입하는 것은 비용이 별로 들지 않는 데이트를 하는 것이다. 그것은 거의 어떤 헌신도 요구하지 않는다. 단지 용돈 정도만 요구할 뿐이다.[19]

당신은 쉽게 얻은 것은 쉽게 사라진다고 말할지도 모른다. 싱글 음반은 버릴 때가 되어도 별로 고통스럽지 않을 것이다. 그리고 그러한 생각은 위안이 된다. 이 데이트는 아무런 **헌신**도 요구하지 않는다는 점에 유의하라. 이것은 단지 데이트일 뿐이다……. 데이트는 데이트를 하는 동안만 지속된다. 끝날 순간이 오면 끝나는 것이다.

그러나 일단 이따금 즐기는 기쁨에서 지속적인 강박적 욕망으로 바뀌게 되면, 즉 평생 습관이 되면 '비용이 적게 드는 데이트' 조차도 큰 부담이 될 것이라는 점이 중요하다. 이때 신용카드와 대출이 등장한다. 신용카드와 대출은 은행의 약속에 기대어 욕망으로부터 기다림을 제거한다. 그러나 또한 신용카드와 대출은 (비록 신용카드 회사는 이에 대해서는 그다지 신경쓰지 않지만) 쓰레기 처리에서 생겨나는 죄책감을, 헤어짐 때문에 겪는 정신적 고통을, 우연한 만남에서 환영받지 않을 정도로 오래 머무르는 위험을 제거한다. 당신은 이제 모든 데이트를, 아무리 비용이 많이 들더라도, 마치 비용이 별로 들지 않는 데이트인 것처럼 취급할 수 있다…….

행복과 더불어 아름다움은 가장 흥분되는 현대의 약속 가운데 하나이자 불안한 현대의 정신을 이끌어온 이상 가운데 하나였다. 나는 행복에 대한 꿈이 따라온 복잡한 역사와 의미론적 모험을 다른 글에서 간략히 다뤄본 바 있다.[20] 이제 아름다움에 대해 말할 차례이다. 아름다움의 역사는 유동적 현대의 쓰레기 문화가 탄생하고 발전하는 과정을 범례적으로 보여주는 것으로 간주할 수 있을 것이다.

'아름다움이란 무엇인가'를 둘러싼 현대의 논쟁 초기에 가장 자주 등장한 개념들은 조화, 비례, 대칭, 질서 등이었다 — 이 개념들은 모두 알베르티Leone Battista Alberti가 간결하게 정식화한 이상으로 수렴된다. 조합arrangement이라는 이상이 그것으로, 그러한 상태에서는 어떠한 변화도 현 상태를 악화시킬 뿐으로 사물들의 이러한 상태를 알베르티는 **완벽성**이라고 부르고 있다. 아름다움은 완벽성을 의미했고, 아름답다고 불릴 수 있는 권리를 보유한 것은 완벽한 것이었다. 수많은 현대 화가들이 그런 완벽성의 상태를 그려내기 위해 애썼고, 알베르티적 의미의 완벽성을 추구하는 것을 작업의 주제로 삼기 위해 애썼다. 예컨대 몬드리안Mondrian, 마티스Matisse, 아르프Arp, 로스코Rothko 등을 생각해보라······. 몬드리안의 그림에서 화려한 색깔의 직사각형들을 떼어내 몬드리안이 선택한 것과 다른 순서로 재배열해보라. 당신이 재배열한 것 — 사실은 **어떤 다른** 대안적 배열이든 마찬가지일 것이다 — 이 몬드리안의 배열에 비해 열등하고 덜 만족스러우며 '추하다'는 것을 발견할 가능성이 높다. 또는 마티스의 작품 <무용수Dancers>에서 인물들을 잘라내 각각을 다른 방식으로 연결해보라. 틀림없이 비슷한 좌절감을 느끼게 될 것이다.

그러나 최종적인 차원에서, '완벽성'의 의미는 무엇인가? 일단 대상이 '완벽한' 형태를 획득하면 이후의 변화는 모두 바람직하지 않고 현명하지 않은 것이다. 완벽성은 변화가 목적을 다했고 따라서 이제 끝나야 한다는 것을 의미한다. 더이상 변화는 없다. 이제부터는 모든 것이 동일한 상태로 ─ 영원히 유지될 것이다. 완벽한 것은 결코 가치를 잃지 않고, 결코 잉여로 전락하지 않으며, 결코 버려지지 않고, 따라서 결코 쓰레기가 되지 않을 것이다 ─ 대신 지금부터 잉여가 되는 것은 추가적인 탐색과 실험이다. 따라서 완벽성을 갈망할 때는 상상력을 극한까지 밀어붙이고 창의력을 총동원할 필요가 있지만 그럼으로써 결국 상상력을 낭비적인 유희로 만들고, 창의성을 단지 불필요한 것이 아니라 바람직하지 않은 것으로 만들게 되는 것이다……. 만약 아름다움이 완벽성을 의미한다면 그리고 완벽성에 이르는 것이 탐색의 목적이라면 일단 아름다움을 획득하면 더이상 아무 일도 일어나지 않을 것이다. 아름다움 **이후에는** 아무것도 없게 되는 것이다.

이 장을 시작할 때 말한 것을 되풀이해보자. 우리 인간은 '위반하는', '초월하는' 동물이며 이를 피할 수 없는 존재이다. 우리는 현재를 앞서 살아간다. 우리가 재현하는 것은 우리의 오감을 벗어나 앞질러 갈지도 모른다. 우리가 사는 세계는 우리가 경험하고 있는 세계보다 항상 한 걸음, 1마일, 또는 1광년 앞서 있다. 우리는 삶의 경험으로부터 돌출되어 나오는 세계의 일부를 '이상'이라고 부른다. '이상'의 사명은 아직까지 탐사되지 않고 지도에 수록되지 않은 땅으로 우리를 인도하는 것이다.

'아름다움'은 우리를 이미 존재하는 세상 너머로 인도하는 이상 중의 하나이다. 아름다움의 가치는 우리를 이끌어주는 그것의 힘 안에 온전히 담겨 있다. 우리가 아름다움에 도달하면 아름다움은 힘을 잃고, 따라서 가치도 잃게 된다. 우리의 여정은 끝날 것이다. 위반하거나 초월해야 할 어떤 것도 남아 있지 않을 것이며, 그리하여 우리가 알고 있는 형태의 인간적 삶도 존재하지 않을 것이다. 그러나 언어 덕분에 그리고 언어로 인해 가능해지고 불가피해진 상상력 덕분에 그러한 순간은 아마도 결코 도래할 수 없을 것이다.

우리는 많은 것을 '아름답다'고 부르지만 솔직히 말해 그러한 대상 중에 개선할 필요가 없다고 말할 수 있을 정도로 아름다운 것은 없다. '완벽성'은 **영원한 '미완의 시점'**에 놓여 있으며, 단지 한걸음 정도 앞에 있지만 정말로 도달할 수는 없는 것이다. 더이상의 개선을 바랄 것이 없는 상태란 오직 개선할 것이 많은 사람들만이 꿈꿀 수 있는 것일지도 모른다. 완벽성의 **전망**은 고요함에 대한 찬사일지도 모르지만 그러한 전망의 **임무**는 우리가 현 상태에서 벗어나도록 밀고당기며 우리가 고요하게 정지해있지 못하도록 하는 것이다……. **고요함**은 묘지에나 있는 것이다. 그러나 역설적이게도 우리를 살아있게 하고 우리 삶을 분주하게 하는 것은 **고요함에 대한 꿈**이다. 이 꿈이 실현되지 않은 채 남아 있는 한 우리는 하루하루를 세며, 하루하루도 가치를 가진다. 즉 목적이 있으며 아직 이루어야 할 미완의 임무가 있는 것이다……. 폴란드의 위대한 과학자 마리아 퀴리-스쿼도프스카 Maria Curie-Skłodowska가 남동생에게 자부심과 부끄러움을 뒤섞어 고백한 대로 사람은 이미 행해진 것을 결코 알아채지 못하며, 앞으로 행해져야 할 것만을 볼 수 있다…….

그런 작업 ─ 고집스럽고, 격렬하게 끝맺음을 거부하는 ─ 이 순수한 즐거움을 주며 오염되지 않은 행복을 가져온다는 것은 아니다. '일이 아직 미완인' 상황은 여러 가지로 매력적이지만 다른 모든 상태와 마찬가지로 완벽성을 결여하고 있다…….

이탈리아의 위대한 사회학자 멜루치Alberto Melucci의 말처럼 '우리 인간은 존재하지도 않는 굳건한 기초를 요구하는 현재성의 허약함 때문에 괴로워한다.' 그리하여 '변화에 대해 숙고할 때면 우리는 늘 욕망과 공포, 기대와 불확실성 사이에서 고통스러워한다'.[21] 바로 **불확실성**이 문제이다. 또는 울리히 벡이 선호하는 표현에 따르면 **위험**이 문제이다. 이 위험은 모든 종류의 기대에 수반되는, 원치 않고 어색하고 짜증스럽지만 완고하고 거슬리고 떨어지지 않는 동반자(아니면 차라리 스토커?!)이며, 만성적인 의사결정자인 우리를 괴롭히는 불길한 유령이다. 멜루치가 간결하게 표현했듯이, 우리에게 '선택은 운명이 되었다'.

'되었다'는 것은 아마도 정확한 표현이 아닐 것이다. 왜냐하면 결국 앞에서 설명한 이유들로 인해 인간은 인간으로 존재하는 한 선택자였기 때문이다. 그러나 다른 어떤 시대에도 선택의 필요성이 이렇게 절실하고 소름끼치게 느껴지지는 않았다고 말할 수 있을 것이다. 날마다 고통스럽지만 치유할 수 없는 불확실성의 상황 아래에서, 행동의 목적과 전진의 기준이 목적을 달성하고 행동을 완수할 때까지 지속되지 않을지도 모르는 상황에서, 그리고 '뒤처질지도' 모른다는 지속적 위협과 '새로운 요구를 충족시키지 못해' 게임으로부터 쫓겨날지도 모른다는 (공포들 중의 공포) 지속적 위협을 겪으면서 말이다. 오늘날 우리가 겪는 선택의 고통을 모든 시대의 **선택하는 인간**homo eligens이 겪은 괴로움과 구별하는 것은, 바로 분명하게 정해진 규칙과 함께 신뢰할 수 있고 보편적으로 승인된 목표, 즉 선택자들이 선택에 따른 부정적인 ― 오인된 또는 예견하지 못한 ― 결과에 대해 져야 하는 책임을 완전히 또는 적어도 부분적으로 면제해줄지도 모를 규칙과 목표가 없다는 사실에 대한 쓰라린 의심 또는 고통스러운 발견이다. 뚜렷한 지향점도 완벽한 지침도 없으며, 오늘 믿음직해 보이는 기준점과 지침은 내일이면 그릇된 것 또는 부패한 것으로 비난받기 십상이다.

실로 '현실에서 존재하는 세계'의 모든 것들은 단지 '추후 통지가 있을 때까지'만 존재하는 것처럼 보인다. 2000년 럼스펠드Donald Rumsfeld는 원자로 설계도와 핵심 부품들을 북한 정부에 판매하는 유럽의 막강한 공학 기술 회사인 ABB의 이

사로 있었다. 그러나 2002년 크리스마스 경 미국 국방부 장관이었던 럼스펠드는 북한을 '붕괴가 임박한 …… 테러 정권'이라고 선언했다. 그리고 몇 달 후 바그다드 함락 뒤에는 북한이 그로부터 '적절한 교훈'을 얻어야 한다고 주장한다.[22]
소위 견실하다는 회사들의 실상은 회계사들이 상상력을 발휘해 꾸며낸 허구에 지나지 않음이 밝혀지고 있다. 오늘 '당신에게 유익한 것'은 내일이면 당신에게 유해한 것으로 재분류될지도 모른다. 굳건해 보이는 약속과 엄숙하게 서명한 계약은 하룻밤 새에 뒤집어질지도 모른다. 그리고 약속들은 또는 대부분의 약속은 단지 배신하고 어기기 위해 하는 듯하다. 파도로부터 안전한 안정적인 섬 같은 것은 없는 듯하다. 멜루치의 말을 다시 한 번 인용하면

> 우리에게는 더이상 집이 없다. 우리는 마치 동화 속에 나오는 세 마리 새끼 돼지처럼 집을 짓고 또 다시 짓기를 계속하거나 달팽이처럼 집을 등에 짊어지고 다녀야 할 것이다.

요약하면 '희망을 갖고 여행하는 것이 이미 목적지에 도착한 것보다 낫다'는 루이스 스티븐슨의 유명한 선언이 액상화된 우리의 유동적 현대 세계보다 더 잘 들어맞는 시대는 일찍이 없었다. 우리가 걷거나 자동차를 운전해 가거나 비행기로 날아가는 것보다 더 빨리 목적지가 움직이거나 매력을 상실할 때는 계속해서 움직이는 것이 목적지 그 자체보다 더 중요

하다. 현재 실천되고 있는 어떤 것도 습관으로 만들지 않는 것, 자신의 과거 유산에 얽매이지 않는 것, 쓸모없어지거나 유행이 지난 셔츠를 재빨리 갈아입듯이 현재의 자기 정체성을 고정시키지 않는 것, 어떤 유보나 후회도 없이 과거의 교훈을 거부하고 과거의 기술을 버리는 것 — 이 모든 것은 오늘날 유동적 현대의 삶의 정치를 증명하는 표지이자 유동적 현대의 합리성이 지니는 속성이 되고 있다. 유동적 현대의 문화는 더이상 역사학자들과 민족지학자들의 보고서 속에 기록된 문화들 같은 학습과 축적의 문화가 아닌 것처럼 보인다. 대신 **이탈과 단절과 망각의 문화**인 것처럼 보인다.

이런 종류의 문화, 그리고 이런 문화가 높이 평가하고 장려하는 생명 정치적 전략들에는 이상이 끼어들 여지가 별로 없다. 먼 훗날 어떤 결과로 이어지게 될 작은 발걸음들을 장기적이고 지속적으로 장려하는 이상이 끼어들 여지는 더욱 적다. 그리고 — 선택과 변화와 개선의 **종언**이라는 약속에서 모든 매력을 이끌어내는 — 완전성이라는 이상이 끼어들 여지는 전혀 없다. 보다 정확히 말하자면 그러한 '이상'은 유동적 현대의 인간들이 점유하고 있는 생활세계 위를 아직도 맴돌고 있을지도 모르지만 그것은 단지 꿈에 불과하다. 실현되리라는 기대를 더이상 하지 않으며, 진실을 말하자면 실현되기를 바라는 사람도 거의 없는 꿈 말이다. 그것은 날이 밝으면 사라지고 말 하룻밤 꿈에 지나지 않는다.

아름다움 — 간절한 추구의 대상으로서의 이상이라는 전

통적 의미에서 — 이 곤경에 처하게 된 것은 바로 이 때문인 것처럼 보인다.

스타이너가 '카지노 문화'라고 명명한 이런 문화에서 모든 문화적 산물의 가치는 최대의 효과(어제의 문화적 산물을 해체하고 밀어내고 버리는 것)를 짜낸 후 얼마나 빨리 낡아빠진 것으로 만드느냐(새로운 것과 쓰레기통 사이의 거리를 줄이는 것, 환영받지 못할 정도로 오래 머무르는 것을 경계하고, 재빨리 무대를 비워주어 내일의 문화적 산물이 등장하는 데 어떤 방해도 없도록 하는 것)를 기준으로 계산된다. 한때 예술가들은 작품의 가치가 영원한 지속성에 있다고 생각했고, 변화에 종언을 고하고 영원성을 보장하는 완벽함을 달성하기 위해 애썼다. 그러나 이제 예술가들은 전시가 끝나면 철거되는 설치 미술, 배우가 마음먹는 순간 끝나는 행위 예술, 교통이 재개될 때까지 교량을 천으로 덮거나 공사가 재개될 때까지 미완성 건물을 천으로 덮는 행위, 자연의 힘이 금세 허물어버리도록 함으로써 모든 인간 행위의 지속 시간은 어처구니없을 정도로 짧고 인간의 자취는 일시적이라는 것을 증명하는 또다른 증거를 제공하는 — 만약 또다른 증거가 필요하다면 — '공간 조각' 등에 몰두하고 있다. 누구도 어제의 화젯거리를 오늘 기억할 것을 장려하지 않을 뿐더러 기대하지도 않으며, 누구도 오늘의 화젯거리에서 벗어나는 것을 허용하지 않을 뿐더러 기대하지도 않는다.

유동적 현대의 카지노 문화에 받아들여지려면 가리지 않

고 무엇이든 잘 먹어야 하고, 취향을 너무 엄격하게 규정하거나 오랫동안 한 가지 취향을 고수하지 말아야 하며, 현재 제공되는 것은 어떤 것이든 시험해보고 즐기는 자세를 갖추고, 자기가 좋아하는 것을 일관되게 안정적으로 고수하지 않는 태도가 필요하다. 새로운 것을 거부하는 것은 좋지 않은 취향이며, 위험을 거부하는 사람은 거부당할 위험이 있다. 그러나 이와 마찬가지로 그릇되고 위험한 태도는 옛것에 지나치게 충실한 태도이다. 새것이 낡아버리는 것은 이전에는 오랜 시간이 걸리는 과정이었지만 점점 더 짧아지고 있다. '새로운 것'은 앞지름당하고 추월당하면서 순식간에 '낡은 것'으로 바뀌곤 한다.

우리가 감지하지 못하는 사이에 '아름다움'의 의미는 중대한 변화를 겪고 있다. 철학자들이 수세기에 걸쳐 진지하게 공들여 구축한 아름다움의 개념을 현재 이 단어의 용법에서는 찾기 어렵다. 무엇보다도 아름다움과 영원성, 미학적 가치와 지속성 사이에서 어떠한 연관성도 찾아볼 수 없다. 아무리 자기들끼리 격렬한 논쟁을 벌였을지라도 모든 철학자들이 한때 (**과거에!** 그랬다는 것을 잊지 말라) 동의한 것은 '아름다움'이란 언제라도 변하기 마련인 개인의 일시적 변덕을 초월하는 것이고, 설령 '첫눈에 반하는 아름다움'이 있다고 할지라도 시간의 흐름이 그것을 유일하게 신뢰성 있는 ― 궁극적이고 결정적인 ― 시험에 내맡길 것이라는 생각이었다. 또한 오늘날의 철학자들은 모든 미학에 고유한 판단의 필수불가결한 속성으로 간주되어왔던 '보편적 타당성 요구'도 찾아볼 수 없을 것이다. '카지노 문화'의 도래와 더불어 버려진 것이 바로 이 두 가지 속성으로, 그것들은 현재 '아름다움'이라는 말의 대중적 용법이 명백히 결여하고 있는 것이다.

소비 시장 그리고 이 시장이 요구하고 배양하는 행동 유형은 유동적 현대의 '카지노 문화'에 맞추어 개조되고, 이어 이 카지노 문화는 소비 시장의 압력과 유혹에 맞추어 개조된다. 둘은 적절히 조화를 이루며, 서로에 기반해서 성장하고 서로를 보강해준다. 고객의 시간을 낭비하지 않기 위해 또는 고객의 미래와 아직 예측할 수 없는 기쁨을 훼손하거나 선취하지 않기 위해 소비 시장은 즉시 소비(가능하면 일회용으로)할 수 있고 재빨리 버리고 대체할 수 있는 제품을 제공 — 그리하여 오늘 감탄하고 탐내던 물건이 유행에 뒤처지면 생활 공간을 어지럽히지 않도록 — 한다. 고객들은 유행의 회오리바람, 놀랄만큼 다양하게 제공되는 상품들 그리고 현기증 나는 변화의 속도로 인해 더이상 자신들이 학습한 것들과 자신들의 기억력을 믿을 수 없게 된다 — 그러므로 현재 제공되는 제품이 '**바로 이것**'이라고 할 만한 물건, '**잘나가는 것**', '**꼭 가져야 하는 것**', '갖고 있음을 **보여주어야 하는 것**'이라는 감언을 받아들여야 한다(그리고 실제로 감사하며 받아들이고 있다).

생산품의 '객관적인' 미학적 가치, 영구적인 또는 보편적인 미학적 가치는 전혀 고민할 것이 못 된다. '보는 사람의 눈'에 달린 아름다움도 마찬가지이다. 대신 아름다움은 오늘의 유행 속에 자리 잡고 있으며, 따라서 현재의 유행이 바뀌는 순간 (틀림없이 곧 그렇게 되겠지만) 아름다운 것은 추한 것으로 전락하기 마련이다. 겉보기에 개인적이고 그리하여 무작위로 분산될 가능성이 있는 소비자의 선택에 규칙적인 유형(설사 단명하는 것일지라도)을 부여하는 시장의 경이로운 능력이 없었더라면 소비자들은 방향을 잡지 못하고 길을 잃었을 것이다. 취향은 더이상 안전한 안내자가 아니며, 새로 배우는 지식이나 이미 획득된 지식에 의존하는 것은 도움이 되기보다는 함정으로 작용하며, 어제의 **격식에 맞음**이 예고 없이 어느 순간 **격식에 어긋남**으로 되어버릴지도 모른다.

'아름다움이 최고다Beauty rules'라는 표현은 미쇼Yves Michaud가 유동적 현대 세계에서의 예술의 현황에 대한 신랄한 보고서에서 쓴 말이다.

> 모든 면에서 아름다움은 지상명령이 되었다. 아름다워지라, 그게 아니라면 최소한 추한 모습은 보이지 마라.[23]

추하다는 것은 쓰레기 처리장으로 갈 운명이라는 것을 의미한다. 역으로, 쓰레기통에 버려진다는 것은 추함을 증명하는 증거로 충분하다.

'아름다움의 지배'는 현대의 예술가들과 이들의 작업에 대해 성찰하는 박식한 미학 철학자들이 늘상 꿈꾸던 것이 아닌가? 그러면 우리가 목격하고 있는 것은 무엇인가? 아름다움의 최종적인 승리? 수많은 야심만만한 '현대의 기획' 가운데 적어도 하나가 완수되는 모습인가?

미쇼라면 그렇지 않다고 할 것이다. 사실 미학은 승리를 거두었다 — 하지만 미학 자체의 대상에 대해서 말이다……. 미학은 예술 작품('값지고 진귀한', '아우라와 마력이 가득한', '고유한, 세련된, 그리고 숭고한')을 잉여적인 것으로 만듦으로써 승리한 것이다.

> 오늘날 예술 작품이 사라진 세계에서 '미학'이 육성되고, 확산되고, 배포되고, 소비되고 있다.

예술은 온갖 종류의 '미학적 에테르'로 증발해버렸는데, 그것은 현대 화학의 선구자들이 상정했던 에테르와 마찬가지로 모든 사물에 무차별적으로 스며들고 어디에도 응축되지 않는다. '아름다운 것'은 현재 명사로 불리는 디자이너의 상표가 붙은 점퍼이고, 체육관에서 그리고 최신 유행에 따른 성형수술과 화장을 통해 개조된 신체이고, 슈퍼마켓에 진열된 패키지 상품이다. '심지어 시체조차 아름답다 — 비닐 커버에 덮여 구급차 앞에 정렬된 시체.' 모든 것은 쓰레기장에 가기 전에 아름다움을 뽐낼 자신만의 15분(어쩌면 15일도)을 누릴 수 있다(또는 최소한 누릴 수 있을지도 모르며 누리려는 시도를 해보아야 한다).

쓰레기 문화

무덤이 살아 있는 인간과 맺고 있는 관계는 박물관이 예술의 삶과 맺고 있는 관계와 같다고 말할 수 있을 것이다. 전자는 더는 생명력과 활기가 없는 대상을 처리해버리는 장소이다. 어떤 시체는 무덤에 안치되고 비석까지 세워져서 유가족이 방문하게 된다. 다른 시체는 아무런 표지도 없는 공동묘지로 영원히 사라지거나 불타버린 마을이나 화장장의 가마나 리오델라플라타$^{Rio\ de\ la\ Plata}$ 강바닥에서 썩어버린다. 어떤 예술 작품들은 한때 갈채를 받았던 아름다움을 보존하기 위해 소독, 살균, 방부 처리되고 고고학 발굴물과 나란히 박물관에 전시되어 역사 애호가나 관광버스 승객의 눈길을 기다린다. 묘지와 박물관이 닮은 점은 소란스러운 일상에서 벗어나 있고, 현실의 일과와는 분리되어 제한된 공간에서 한정된 방문 시간에만 볼 수 있다는 것이다. 묘지에서와 같이 박물관에서도 큰소리로 이야기하지 않고, 먹지도 마시지도 뛰지도 보러 온 대상을 만지지도 않으며, 아이들을 단단히 단속한다.

그러나 일상생활의 장면은 다르다. 그것은 **예술품**이 아니라 미학의 현장이다. 그것은 일시적인 퍼포먼스와 행위 예술의 무대, 사라지고 말 것이 분명한 재료들을 긁어모으거나 비물질적 생각의 파편들을 꿰매 만든 설치 미술의 무대이다. 이 무대에 올려져 공연된 것들 가운데 어떤 것도 주어진 시간이 지났을 때 지속되거나 보존되지 않는다. 취약성과 일시성이 이 게임의 이름이다. 이 무대에서 일어나는 일은 그것의 작은 수용 능력이 허용하는 만큼의 의미만을 지닐 수 있다. 결국

녹화물에서 광고를 건너뛰고 보는 데 익숙한 사람들이 그러한 의미를 찾아내고 수집하게 될 것이다 — 이들은 '화면에 편집자 이름이 나온 다음부터 "끝"이라는 글자가 나올 때까지만' 본다.[24] 미쇼는 '읽고 의미를 해독하는 것보다 훑어보는 것을 우위에 두는 새로운 형태의 주의력 집중 방식'에 대해 말하고 있다.

> 이미지는 유동적이고 움직이기 때문에 한 조각의 장면이나 정보라기보다는 행동의 연쇄 속의 한 요소이다.

그러한 연쇄로부터 잘라놓으면, '이미지는 어떤 의례 행렬이나 환상적 장면의 연속에도 자유롭게 끼워넣을 수 있다'.

집중적인 조명을 받던 이미지들이 그러한 주목을 잃어버리고 쓰레기로 취급되는 것 — 관련 없음과 보이지 않음이라는 이름의 — 은 무작위적이다. '대상'과 (그것과는 무관한) 주변 환경 사이의 차이는 집중적인 조명을 받는 순간과 관심사에서 멀어지는 순간을 나누는 시간이 사라지는 것과 마찬가지로 거의 사라졌다. 대상과 쓰레기는 쉽게 자리를 바꾼다. 나는 코펜하겐의 한 화랑에서 일련의 텔레비전 화면으로 구성된 '약속의 땅'이라는 설치 미술 작품을 보고 경탄했다. 나는 그것이 사려 깊게 만들어졌으며 사람들의 생각을 자극하는 작품임을 깨달았다 — 특히 연속되는 이미지가 끝나는 자리의 구석에 놓여 있던 빗자루와 양동이가 그러한 자극을 받는 데 적지 않은 이유가 되었다. 하지만 그것의 의미에 대해 충분히 숙고하기도 전에 청소부가 커피 마시며 휴식하는 동안 구석에 놓아두었던 도구들을 가지러 왔다.

오직 통계만이 고정된 대상 없이 자유롭게 부유하는 미학이 불러온 혼돈 때문에 당황한 관객 — 아름다움을 찾는 과정에서 길을 잃은 — 을 구원할지도 모른다. 구원은 숫자에 있다. 최신 유행의 징표를 과시하는 사람들이 모두 동시에 틀릴 수는 없다……. 마치 마법처럼, 선택하는 사람의 수가 많을수록 대상의 품격이 높아진다. 그러한 대상은 **틀림없이** 아름다울 것이다. 그렇지 않으며 그렇게 많은 사람들이 선택했을 리가 없다. 아름다움은 높은 판매고, 박스 오피스 순위, 플래티넘 앨범, 치솟는 텔레비전 시청률에 있다(앤디 워홀은 다음과 같은 말을 한 적이 있다. 지폐 한 묶음이 한 줄로 나란히 매달린 것을 상상해보라. 16만 달러 …… 얼마나 아름다운 장면인가!). 아름다움은 아마 어떤 철학자들이 완고하게 주장하듯이 다른 곳에도 존재할지 모른다. 그러나 그걸 어떻게 알 수 있는가? 그리고 만약 더이상 입에 담지 못할 기괴한 장소에서 아름다움을 찾았다면 누가 그것을 인정해 주겠는가? 충분히 존경받을 만큼 시간이 흐른데다 수세기에 걸쳐 성공적으로 통과한 수많은 시험 덕분에 훼손될 수 없는 확고한 명성을 보유하고 있다고 생각되는 '과거의 거장들' 조차 아름다움의 게임에 적용되는 새로운 규칙들을 무시할 수는 없다. '꼭 봐야 하고 보고 있다는 것을 남들에게 보여야 하는' 화가는, 최근에 소위 뜨고 있고 '뭔가 있는 사람들이 모두 입을 모아 이야기하는' 전시회가 어떤 것인가에 따라 오늘은 베르메르Vermeer, 내일은 마티스, 모레는 피카소Picasso가 된다. 다른 모든 경우에도 마찬가지이지만 아름다움은 화폭의 속성이 아니라 **이벤트**의 (양적으로 평가된) 속성이다.

우리의 유동적 현대 사회에서 아름다움은 인간의 불만과 반란을 부추기곤 했던 다른 모든 이상들이 겪은 것과 동일한 운명을 만났다. 궁극적 조화와 영원한 지속성을 추구하는 것은 이제 단지 분별없는 관심사로 치부되고 있다. 가치는 그것이 현장에서 즉시 소비되는 데 적합할 때만 가치이다. 가치는 **순간적 경험**의 속성이다. 아름다움도 마찬가지이다. 그리고 인생은 순간적 경험들의 연속이다.

프로이트는 이렇게 말하고 있다.

> 아름다움은 뚜렷한 용도가 없으며, 아름다움에 대한 분명한 문화적 필요도 없다. 그러나 문명은 아름다움 없이 유지될 수 없다.
>
> 우리가 문명에 의해 가치가 부여되기를 바라는 이 쓸모없는 것이 아름다움이다. 우리는 문명화된 인간이 자연에서 아름다움을 볼 때마다 그것을 경배할 것을 요구하며, 능력이 닿는 한 그의 손길이 닿는 대상에서 아름다움을 창조할 것을 요구한다.

아름다움은 청결 및 질서와 더불어 '문명의 필요조건들 가운

데 특별한 위치를 차지한다.'[25]

　프로이트에 의해 문명의 필요조건들로 명명된 세 가지 목표들이 모두 문명화 과정의 **상상적 지평**이라는 점에 주목하자. 아마 그것들을 **미화, 정화, 질서화**라고 말하는 것이 오해와 논쟁의 소지가 적어 더 나을 수도 있을 것이다. '문명화 과정'은 시간적 제약이 있는 일시적인 기간 — 완성된 문명 상태로 나아가는 — 이 아니라 '문명'의 실체 그 자체라는 것을 70년 전의 세대보다 지금의 우리가 더 분명하게 알 수 있다. 문명화 과정을 완수한 문명(청결하게 하고, 질서를 잡고, 아름다움을 찾는 일을 끝마친)이라는 생각은 불지 않는 바람이나 흐르지 않는 강이라는 생각처럼 모순된 것이다.

　문명(즉 '문명화' 하려는 노력, '문명화 과정')은 아름다움을 향한 갈망으로부터 태어났다. 그러나 문명은 그러한 갈망을 달래기는커녕 더욱 탐욕스럽게 만든 것 같다.

　'당신은 차량 점검은 매년 하면서 파트너와의 관계는 점검하지 않는가?'라고 윌슨Hugh Wilson은 묻는다.[26] 정말 그렇다. 차에게 그래야 한다면 파트너와의 관계에서도 마찬가지다. 즉 당신의 요구를 만족시켜줄 때에만 그리고 작동 방식이 당신 마음에 드는 한에서만 양자는 의미가 있다……. 이들이 자기 과업을 영구히 잘 수행할 것이며 당신의 만족감은 영원하리라고 가정하는 것은 어리석은 일이다.

차는 결국 낡기 마련이므로 점차 번쩍거림과 광택을 잃고, 작동을 멈춘다 — 열쇠를 점화 장치에 꽂는 것만으로는 더 이상 달리게 할 수 없다. 계속 주행하게 하려면 전에 없던 주의를 기울일 필요가 있다. 여기에 기울여야 하는 주의는 시간과 정력을 소모한다. 수확 체감의 법칙이 작용하는 것 같다. 처음에는 조금만 노력해도 대단히 새롭고 경험해보지 못한 흥분을 느끼게 된다 — 그러나 점점 더 많은 생각과 헌신과 노동을 투자해야만 다음번에도 행복감을 느낄 수 있다. 그럴 만한 가치가 있는 일일까? 더 좋은 신형 차, 더 멋지고 매력적이고 운전하기 쉽고 말을 잘 듣는 차들이 수없이 많이 있다. 차를 바꿀 생각을 할 때가 된 것이다. 낡은 차를 쓰레기로 버릴 때가 된 것이다. 어쨌든 차라는 물건이 영원히 쓸 수 있는 것은 아니지 않은가?

우리는 소비 사회의 소비자들이다. 소비 사회는 시장 사회이다. 우리는 모두 시장에서 고객과 상품의 역할을 동시에 하며 이 역할은 언제든지 바뀔 수 있다. 인간관계의 사용/소비가 자동차 사용/소비의 유형을 재빨리 따라잡으며, 구매에서 시작해 쓰레기 처리로 끝나는 주기를 반복하는 것은 전혀 놀랄 일이 아니다. 영국에서 '함께 사는 기간'은 평균 2년 정도이다. 결혼한 부부의 40%가 결국 이혼한다. 미국에서는 이 비율이 50%이며 계속 상승하고 있다. 윌슨은 다음과 같은 교묘한 주장을 편다. 많은 사람들이 지금 상황에서는 매년 또는 반년에 한 번씩 차량 검사를 하는 것이 적당하다고 생각하는 데, 이것은 '6개월 단위로 인간관계를 맺는 것이 …… 외견상 헌신적인 커플들 사이에서 단기적인 관계를 선호하는 경향의 일부'인 것과 마찬가지이다. 미국에서는 2년마다 (적어도 10년마다) 갱신할 수 있는 결혼 계약을 제도화하자는 프로젝트가 유례없이 강력하고 광범위하게 대중의 지지를 받고 있다. 윌슨은 제목만 봐도 바로 내용을 짐작할 수 있는 책인『숨쉴 공간: 부부를 위한 공간의 창조Breathing Room: Creating Space to be a Couple』의 저자 새비지Elayne Savage 박사의 말을 인용해 '갱신할 수 있는 관계는 완전한 헌신에 갈수록 불편함을 느끼는 사람들에게 해답이 될 수 있다'고 주장한다. 새비지는 이러한 해법에 찬성하며 매년 '협상 가능한' 계약 — 노동 시장에서 유행하는 '유동 계약rolling contract'을 많이 본뜬 — 을 맺도록 권고하고 있다.

철저하게 개인화individualized된 우리 사회에서 친구와의 우정이 핵심적인 역할을 할 것이라고 예상하는 — 아마 그것은 타당하다고 할 수 있을 것이다 — 논평자들의 수가 점증하고 있다. 사회 통합을 지탱하던 전통적 구조들이 빠르게 해체되는 상황에서 우정으로 맺어진 관계들이 우리의 구명 조끼나 구명선이 될 수 있다. 팔Ray Pahl은 선택의 시대를 맞은 우리에게 우정 — '선택에 기반한 사회 관계의 원형' — 은 자연스러운 선택이라는 점을 지적하면서, 우정을 후기 현대 생활의 '사회적 호위'라고 부른다.[27] 하지만 현실은 그렇게 단순하지 않은 듯하다. '후기 현대' 또는 유동적 현대의 삶에서 인간관계는 모호한 문제로서, 날카롭고 신경을 건드리는 양가 감정의 초점이 되는 경향이 있다. 우리 모두가 열렬히 원하는 우정을 얻기 위해서는 언제나, 적어도 부분적으로나마 독립성을 포기하는 대가를 치뤄야 한다. 아무리 우정을 열망해도 독립성을 포기하지 않고서는 얻을 수 없다……

양가 감정이 지속되면 인지부조화가, 본인의 가치와 활력을 떨어뜨리는 견디기 힘든 정신 상태가 초래된다. 그러면 다시 이 인지부조화는 통상적인 완화 전략들을 채택하도록 하는데, 화해 불가능한 두 가지 가치 중에 하나를 폄하하고 경시하고 깎아내리는 것이 가장 흔히 이용되는 전략이다. 모순적인 압력에 처한 많은 관계들 — 여하튼 '추후 통지가 있을 때까지'만 유지될 — 이 단절될 것이다. 관계의 단절은 쉽게 예상할 수 있는 일이며, 미리 생각하고 맞을 준비를 해야 한다. 따라서 분별력 있는 파트너들은 (윌슨이 표현하듯) '처음부터 손쉬운 "탈퇴" 조항을 넣기를' 원할 것이다.

우리는 관계를 끝내는 것이 가능한 한 고통 없이 이루어지기를 바란다.

관계를 맺는 과정에서 계산해본 결과 그러한 관계가 폐기될 가능성이 높게 나온 경우 앞날을 내다보는 신중한 충고는 미리미리 폐기물 처리 시설을 잘 준비해두어야 한다는 것이다. 결국 지각 있는 도시 개발업자라면 철거 승인을 얻기 전에 건물을 짓기 시작하는 모험을 하지는 않을 것이다. 장군들은 믿을만한 퇴각 시나리오가 준비되기 전에는 군대를 전장으로 보내려고 하지 않을 것이다. 그리고 고용주들은 사방에서 직원들의 권리 주장과 해고 시의 제약들 때문에 고용을 확대할 수 없다고 불평을 털어놓고 있다.

아스타나Anushka Asthana는 최근에 미국을, 그리고 곧이어 런던을 휩쓴 '스피드 데이트 열풍'(또는 일종의 '데이트 컨베이어 벨트')에 대해 이렇게 보고하고 있다.

> 11개의 탁자가 한 줄로 놓이고, 여자들이 각자에게 배정된 의자에 앉으면 남자들은 여자들을 차례차례 한 명씩 대면한다. 3분 후 벨소리가 크게 울리면 대화 중이더라도 자리를 옮겨야 한다.[28]

다시 만나고 싶으면 미리 준비된 상자에 표시를 하면 된다. 탁자 맞은편의 상대도 똑같이 표시하면 다음번 만남이 이루어지는 것이다. 그렇지 않으면 이야기는 거기서 끝난다. 테스타니Adele Testani는 이처럼 단순화해 '중요하지 않은 것은 건너뛰고', '만족스럽지 않으면 가게에 반환하는' 소비자 친화적 형태의 구애 서비스를 제공하는 회사들 가운데 하나의 사장인데, '이제 사회가 이런 것을 수용할 수 있다'고 지적한다. 3분이면 충분하다. 왜냐하면 '상대방이 어떤 사람인지 감을 잡을 수 있고, 맞는 상대가 아니면 배제할 수 있기' 때문이다. 가장 중요한 것은 안전 — 당신이 원치 않는 한 3분이 3일 또는 수개월(또는, 맙소사, 수년)로 연장되지 않는다는 보증 — 이 보장된다는 점이다. 전화번호 교환은 허용되지 않는다. 인스턴트 커피와 인스턴트 냉홍차 다음에 인스턴트 데이트가 등장한 것이다.

도대체 어떤 매력이 있기에 '스피드 데이트'가 하룻밤 새에 그토록 놀라운 상업적 성공을 거두었을까? '사전 단계를 제거'할 수 있다는 것이 하나의 이유가 되겠지만 그것이 전부는 아닐 것이다. 그보다 훨씬 더 중요한 것은 3분마다 울려서 당신과 당신의 파트너가 헤어질 수밖에 없도록 만드는 '거대한 벨'인 것 같다. 교제의 **시작**을 협상하는 것은 의심할 나위 없이 복잡한 과정으로서 여기에 필요한 용기와 기술이 없는 사람이 많다(아스타나가 인터뷰한 사람 가운데 한 명은 보통 한 달에 한 번 데이트했지만 여기에 한 번 참가함으로써 '네 번의 데이트를 앞으로 수 주 동안 하게 됐다'고 자랑했다). 반면에 교제의 **종료**를 협상하는 것은 극도의 정신력을 요구하는 시험으로서 심각한 정신적 트라우마를 남기기 쉬우며, 교제 기간이 길수록 정신적 트라우마는 더 깊어진다. 또다른 스피드 데이트 회사를 구상한 프록터Simon Procter는 명료하게 문제의 핵심을 찌르고 있다. '상대가 마음에 들지 않으면 재빨리 나오면 그만이다.' 쓰레기 처리 문제는 시작되기도 전에 해결되었다.

다른 면 — 딱 3분간의 만남과 대화 후에 데이트에 동의하는 것 — 에서 보면 이것은 위험한 일이라고 말할지도 모른다. 만약 막 시작될 관계가 무한히 지속될 예정이라면 그럴 것이다. '내 평생의 사랑을 알기 위한' 시간은 딱 3분밖에 없다고 이 보고서의 제목은 말한다 — 거대한 벨이 울리기 전까지 어떤 종류의 정보를 얻을 수 있는가? 다행히도 대부분의 스피드 데이트 고객들이 원하는 관계는 재협상이 가능한 '반환 가능한' 계약, 해마다 수행하는 차량 검사 같은 관계이다 — 이러한 관계에 수반되는 위험은 훨씬 적다. 내깃돈을 신중하게 여러 곳에 거는 것이다. 쓰레기 처리 시설이 차질 없이 가동되며 즉시 사용이 가능하게 되면 속도를 감당할 수 있게 된다.

스피드 데이트는 '인간관계'의 사용자 친화적 시장에서 공급되며 증가 일로에 있는 수많은 전략 중의 하나에 불과하다(보다 정확히 말하자면 대량 생산되어 품질은 떨어지지만 값은 싼 대용물들). 예를 들어 온라인상의 개인 광고가 있다. 이것은 즉석의 선택조차도 장기적 결과를 가져올 수 있기 때문에 그러한 위험에 노출되는 3분마저도 없애버리고 있다. 테일러 Emma Taylor와 샤키 Lorelei Sharkey의 말에 따르면

> 만약 연애 생활이 은행 계좌라면 개인 광고는 현금 지급기이다. 원할 때면 언제나 당신이 원하는 모든 것(우연한 섹스, 진실한 사랑, 브리지 게임 상대)을 손쉽게 즉석에서 제공한다.[29]

여기에 현금 지급기를 이용할 때 우리는 당장 쓸 수 있고 낭

비해도 좋을 만큼의 금액만을 정확히 인출한다는 점도 덧붙일 수 있을 것이다. 따라서 낭비를 완전히 피할 수는 없을지라도 미리 계산할 수는 있으므로 고통이 덜할 것이다. 파트너들은 비용과 진력나는 희생에 대해 불평하지 않을 것이다. 테일러와 샤키의 지적에 따르면 개인 광고를 통해 만날 때는 '둘 다 혼자이고 짝을 찾고 있다'는 것을 이미 알고 있고, 따라서 '만나기로 결심하면 바로 불꽃이 펑 튄다'.

엘렌Barbara Ellen은 이제 막 등장하고 있는 '장거리 관계'의 장단점을 따져보고 있다.[30] 그녀는 이러한 관계가 '감정적 회피'의 기회를 제공한다고 주장한다. 만약 서로의 거리를 충분히 유지할 수 있으면 남녀 관계에서 불가피하게 발생하는 감정들 — 바람직하고 환영할 만한 것일지도 모르지만 뿌리를 내리면서 관계를 생각보다 장기화할 위험도 있는 — 을 그것이 주기적으로 짧고 날카롭게 충돌하면서 뿌리에서부터 부딪히기 한참 전에 해소함으로써 대규모 쓰레기 처리라는 곤혹스러운 순간을 사전에 예방할 수 있다. 그렇게 하면 비극적이고 마음에 상처를 주며 신경을 날카롭게 건드리는 사건이었던 쓰레기 처리는 작고 비교적 고통 없는 행위들의 긴 연속이 될 것이다. 이것은 습관이 된다. 쓰레기장에 규칙적으로 가는 것은 체계적으로 연습되기 때문에 용이하고 평범한 일이 되며 거의 일상사가 된다. 그러므로 '장거리 관계'의 '감정적 회피'는 늘 곁에 있는 것('출석 지상주의'라고 할 수 있는)에 비해 뚜렷한 장점이 있다. 파트너들은 '지겨운 일(말다

툼, 상대의 말 들어주기)은 회피하고 즐거운 일(섹스, 잡담)만 할 수도 있다.

그러나 즉석에서 시작되고 빨리 소모되며 원할 때는 폐기되는 파트너 관계에도 부작용이 있을 수 있다. 이 부작용은 스피드 데이트 사업이 없애준다고 장담한 소심함이라는 부작용 못지않게 고통스럽다. 쓰레기 더미라는 유령은 절대 멀리 떠나지 않는다. 어찌 되었든 속도와 폐기물 처리 서비스는 커플 양쪽 모두가 이용할 수 있는 것이다. 결국 당신은 제임스Oliver James가 묘사한 곤경에 빠지게 될지도 모른다. '당신의 인생에서 타인이 없다는 끊임없는 결핍감, 사별의 아픔과 유사한 공허함과 외로움'으로 괴로워하는 것이다. 당신은 '애인과 친구로부터 버림받을 것이라는 두려움에 영원히 시달릴지도' 모른다. 이런 식으로 진단된 이러한 상태는 즉석에서 만나고 헤어지는 파트너 관계로 점철된 삶의 자연스럽고 논리적이며 합리적인 귀결인 듯하다. 그러나 제임스는 의학적으로 고칠 수 있는 병(유기적 또는 심리적)인 '의존성 우울증'이 그 원인이라는 것을 밝혀내고, '이 문제의 기원은 흔히 유년기에 있다'고 주장한다. 아동기의 '돌보는 이가 애정을 주지 않는 관계'에 의해 촉발된 '반응 결여'가 '일련의 전기적 패턴과 화학적 수치로 두뇌에 각인된다'는 것이다.[31] 이같은 과학적 설명은 고통받는 자의 죄책감을 없애고 자기비난과 자기비하 정도를 완화해줄지도 모른다. 그러나 이는 다른 한편으로는 '의존성 우울증'이라는 이름의 상태가 이렇게 흔한 질병이 되게 한 생활 방식에 면죄부를 주는 효과를 가져오게 된다.

이러한 생활 방식에 정면으로 대항하는 것 — 이러한 생활 방식에 도전하며, 개선을 위한 힘을 찾아서 모으는 것은 말할 것도 없이 — 은 분명 오랜 시간이 걸리는 일일 것이다. 그것은 속도, 즉각적인 만족, 즉석에서의 쓰레기 처리로 대변되는 우리 문화에서는 열렬한 지지자를 많이 확보하기 어려운 제안이다. 우리는 좀더 간단하고 빠른 해결책을 모색하고 기대하도록 훈련받았다. 주간지 『웰빙*Wellbeing*』에서 '맨발의 의사Barefoot Doctor'라는 필명을 사용하는 칼럼니스트가 제안하는 마술적 처방처럼 말이다.

> 단지 6분만 실천하면 '당신은 주변에서 가장 매력적인 남자 천사 또는 여자 천사가 될 것이다.[32]

6분 동안 무얼 한단 말인가? '맨발의 의사'가 상세하게 묘사한 대로 특정한 방식으로 서 있기, '자유롭고 편안하게 숨쉬기', '대지로부터 발바닥을 통해 아랫배로 생명력을 빨아들이는' 상상하기 등이 그것이다.

'다음 몇 주 동안 기다리고 있는 4건의 데이트', 6분 동안 '생명력을 아랫배로 빨아들이기.' ……당신의 꿈을 말해주면 당신이 가장 절실히 원하는 것은 무엇인지, 당신의 두려움은 무엇인지 말해주겠다는 식의 이야기와 다를 바 없다. '의존성 우울증'을 앓고 있든 그렇지 않든, 밝은 대낮의 빛 속에 있든 밤의 환각에 시달리든 우리 모두가 두려워하는 것은 우리 존재가 버림받고 배제되고 거부되고 배척되고 부인되고 버려지고 빼앗기는 것이며, 우리가 되고자 하는 바가 거절당하는 것인 듯하다. 우리는 난감하고 불행한 상태로 혼자 남겨지는 것을 두려워한다. 친구와 애정과 도움의 손길을 빼앗기는 것을 두려워한다. 우리는 버려지는 것, 쓰레기장으로 갈 차례가 돌아오는 것을 두려워한다. 우리가 가장 절실히 그리워하는 것은 바로 이런 일들이 우리에게는 일어나지 않으리라는 확실성이다. 우리는 보편적으로 편재하는 제외의 위협으로부터 면제되기를 원한다. 우리는 유해한 악취가 풍기는 쓰레기 더미로 떨어지지 않기를 꿈꾼다.

배제에 대한 공포가 흘러나오는 원천은 두 가지인데, 우리는 양자를 구별하려고 애쓰기는커녕 그것들의 본성조차 확실히 알지 못하고 있다.

보다 정확한 표현이 없어 '지구화의 힘들'이라고 불리는 것들이 겉보기에 무작위적이고 임의적이고 전혀 예측할 수 없는 방식으로 움직이고 이동하고 떠돌고 있다. 이 힘들은 지속적이고 신뢰할 만한 안전성의 닻들이 드리워져 있던 낯익은 풍경을 알아볼 수 없는 모습으로 예고도 없이 바꾸어버리고 있다. 그리고 사람들의 자리를 뒤바꾸고 사람들의 사회적 정체성을 뒤흔들어놓는다. 이 힘들은 우리를 차근차근 난민이나 '경제적 이주자'로 바꾸어놓을지도 모른다. 이 힘들은 우리의 신분증명서를 취소하거나 공인된 신분을 무효로 돌릴지도 모른다. 그리고 이러한 일을 아무런 처벌도 받지 않고 할 수 있음을 우리에게 나날이 상기시킨다 — 이 힘들이 우리 집의 문전에서 이미 거부되었고, 목숨을 구하기 위해 도망치거나 생계 수단을 구하기 위해 고향을 떠나야 했고, 정체성과 자존심을 박탈당한 사람들을 내다버릴 때 우리는 이 힘들을 상기하게 된다. 우리는 그들을 미워한다. 왜냐하면 그들이 우리 눈앞에서 겪고 있는 상황은 곧 맞이할 우리 자신의 운명을 시연하는 것처럼 느껴지기 때문이다. 우리는 그들을 우리 시야에서 사라지게 하려고 열심히 애쓰면서 — 그들을 체포하고 수용소에 가두고 추방함으로써 — 이 유령을 쫓아버릴 수 있기를 바란다. 이런 종류의 공포를 쫓아버리기 위해 우리가 할 수 있는 것은 이 정도에 불과하다. 우리는 '지구화의 힘들'을 허수아비로 만들어 태울 수 있을 뿐이다. 마음속의 불안을 없애기 위해 우리가 할 수 있는 일이라곤 장작더미에 불을 붙이는 것밖에 없는 셈이다.

하지만 불안감이 연기 속으로 전부 사라지지는 않을 것이다. 그러기에는 불안감이 너무 많고 또 끊임없이 보충된다. 타고 남은 잔해는 또다른 차원인 생명 정치의 평면으로 떨어져내려, 허물어지는 인간적 결속과 해체되는 집단적 연대에서 스며나오는 유사한 공포와 뒤섞인다. 미네르바의 부엉이의 악명높은 습관 이후, '연계'의 '네트워크'나 '관계'에 대해서보다 더 엄숙하고 맛깔스럽게 이야기할 만한 것도 없는

쓰레기 문화 **235**

데, 그것은 다름아니라 '진짜배기' — 긴밀히 짜인 네트워크, 견고하고 안전한 연계, 완전히 성숙한 관계 — 가 거의 다 해체되어버렸기 때문이다. 리처드 세넷의 최근 연구 결과에 따르면 최첨단 테크놀로지의 본산이자 현대판 멋진 신세계의 전진 기지인 실리콘 밸리에서 평균 고용 기간은 직종을 불문하고 약 8개월이다. 이것이 바로 지구촌 시민 누구나가 부러워하고 열심히 모방하려고 애쓰는 더없이 행복한 삶이다.[33]

이러한 상황에서 장기적인 계획을 생각하는 것은 확실히 말도 안 된다. 그리고 장기간에 대한 생각이 없는 곳, '우리는 다시 만날 것'이라는 기대가 없는 곳에서는 운명을 공유한다는 느낌도, 형제애도, 대열에 합류해 어깨를 나란히 하고 발맞추어 행진하려는 충동도 거의 찾아볼 수 없다. 연대감이 싹트고 뿌리내릴 가망은 거의 없다. 인간관계는 대부분 취약하고 피상적인 것이 특징이다. 세넷을 다시 인용하면 '순전히 일시적으로 무리에 끼어 있는 것은 사람들로 하여금 거리를 두게 한다' — 즉 보다 밀접하게 관여하려는 것에 분개하고 지속적으로 헌신하려는 것을 경계하게 만든다. 우리들 중 많은 사람은, 아마도 대부분은 우리가 얼마나 오래 이 자리에 머무를지 확신하지 못하며, 지금 우리와 한자리에서 교류하는 사람들이 얼마나 오래 머무를지 확신하지 못한다. 만약 현재의 유대 관계가 어느 순간에 끊어질지 모르는 것이라면 이러한 유대를 강화하기 위해 시간과 자원을 투자하고 이러한 유대가 훼손되지 않게 보호하는 데 배전倍前의 노력을 기울이는 것은 어리석은 일일 것이다.

우리는 강박관념에 사로잡힌 듯 네트워크에 대해 이야기하며, '스피드 데이트'와 개인 광고와 '메시지 보내기'의 마술적 주문으로부터 네트워크(또는 최소한 그것의 허깨비)를 끌어내기 위해 강박적으로 몰두한다. 왜냐하면 우리는 친족과 친구와 운명적 형제들의 진정한 네트워크가 우리의 노력 여부와 무관하게 당연히 제공하던 안전망을 고통스럽도록 그리워하기 때문이다. 휴대전화의 전화번호부가 잃어버린 공동체를 대신하고 있고, 잃어버린 친밀성을 대신할 것으로 기대되고 있으며, 일련의 기대 — 온전히 지탱하는 것은 고사하고 그것을 품을 힘도 없는 — 를 채워줄 것으로 기대되고 있다. 핸디^{Charles Handy}는 이에 대해 이렇게 숙고하고 있다.

> 이러한 가상의 공동체들은 흥미로워 보일지는 모르지만 친밀성에 대한 환상과 공동체의 가면을 만들어낼 뿐이다.

이 가상의 공동체들은 '탁자 아래서 무릎을 맞대고 얼굴을 바라보면서 현실의 대화를 나누는 것'의 빈약한 대체물일 뿐이다.[34] 이러한 '불안정성의 시대'의 문화적 결과들에 대한 절묘한 통찰력이 돋보이는 한 연구에서 하그리브스^{Andy Hargreaves}는 '가족 간의 지속적인 대화와 가족 관계들'을 점점 더 대체해나가고 있는 '소소한 상호 작용들의 삽화적 연쇄'에 대해 말하고 있다.[35] 그는 사람들이 전자 기술에 의해 '쉽게 형성되는 접촉'에 노출됨에 따라 현실 세계의 사람들과 자발적으로 상호 작용을 하는 능력을 상실하게 된다는 스톨Clifford Stoll의 견해를 인용하고 있다.[36]

사실 우리는 점점 더 대면 접촉을 꺼린다. 우리는 '운명의 인질이 되는 것'을 피하기 위해 그리고 우리 주변에 물리적으로 존재하는 '진짜 사람들'과의 복잡하고 어지럽고 예측 불가능한 — 끼어들거나 빠져나오기 어려운 — 상호 작용에서 도망치기 위해 휴대전화에 손을 뻗어 격렬하게 버튼을 눌러대며 메시지를 빚어낸다. 3분 데이트와 휴대전화 메시지로 이루어진 허깨비 공동체가 방대할수록(설사 더 얄팍하더라도) 진짜 공동체를 엮어서 유지하는 작업이 더 힘겹게 느껴진다.

늘 그렇듯이 소비 시장은 우리가 곤경에서 빠져나오는 데 도움을 주기 위해 지나치게 애쓰고 있다. 메슈트로비치Stjepan Mestrović로부터 힌트를 얻어[37] 하그리브스는 이렇게 주장하고 있다.

> 인간관계는 축소되며 시간에 쫓기는 이 세계로부터 추출된 감정은 소비 가능한 것들에 재투자된다. 광고는 자동차를 열정과 욕망에 결부시키며, 휴대전화를 영감과 욕망에 결부시킨다.

그러나 아무리 애써도 상인들이 없애주겠다고 약속한 갈증은 사라지지 않는다. 인간은 아마도 소모품으로 재활용될 수 있겠지만 소모품은 인간이 될 수 없다. 뿌리, 친족 관계, 우정, 사랑을 절실히 찾도록 고취하는 유형의 인간이 될 수는 없는 것이다.

대체 소모품들이 '진짜배기'에 비해 나은 점이 있다는 것을 인정할 필요가 있다. 그것들은 끝없는 협상과 불편한 타협 같은 불쾌한 일들에서 우리를 해방시켜주겠다고 약속한다. 그리고 자기 희생, 양보, 타협 같은 성가신 요구 — 친밀하고 애정 어린 모든 결속이 조만간 요구하게 되는 — 를 없애겠다고 맹세한다. 그처럼 성가신 일을 견디기 힘들 경우에는 손실을 만회시켜 주겠다는 제안을 달고 온다. 또한 그것들의 판매원들은 상품이 더는 쓸모없게 되거나 전보다 개선되고 더 유혹적인 다른 신상품이 등장하면 상품을 손쉽게 자주 교체할 수 있다는 것도 보증해준다. 요컨대 소모품은 선택이 결코 최종적인 결말이 아니며 언제라도 철회할 수 있다는 속성, 선택된 대상은 언제라도 버려질 수 있다는 속성을 체현하고 있다. 그러나 더욱 중요한 사실은 그것들이 우리를 통제자의 자리에 앉히는 것처럼 보인다는 것이다. 쓸모있는 것과 쓰레기 사이에 선을 긋는 사람은 우리 소비자들이다. 파트너도 소모품으로 존재하므로 우리는 쓰레기통에 들어갈 것을 염려하지 않아도 된다.

우연하게도 시장에 나오는 소비품은 쓰레기 문화의 궁극적 역설을 구현하고 있다.

1. 우리로 하여금 인간의 품 안에서 안전을 찾게 만드는 것은 폐기 가능성 — 잉여, 유기, 거부, 배제, 소모 — 이라는

가공할 유령이다.

2. 우리가 쇼핑몰로 가는 것은 위의 탐색 과정으로부터 발길을 돌린 것이다.

3. 우리가 그곳에서 발견해 집으로 가져가서 구급상자에 넣어두게 되는 것은 폐기 가능성 그 자체 — 불치병에서 치료법으로 마술처럼 재활용된 — 이다.

우리는 매번 새로 알게 되는 것에서 안도감을 누리면서 <빅 브라더Big Brother>, <가장 약한 고리The Weakest Link>, <서바이버Survivor> 같은 최신 '리얼리티 TV' 프로그램의 다음 회를 — 열중해서, 사로잡혀, 매혹되어, 황홀해하면서 — 시청하기 위해 자리에 앉는다. 이것들이 하는 이야기는 모두 똑같다. 즉 몇몇 고독한 승리자들을 제외하면 진정으로 필수불가결한 사람은 없으며, 인간은 타인에게 이용될 수 있는 동안만 타인에게 유용하며, 쓰레기통 — 배제된 자들의 궁극적 목적지 — 은 더이상 그러한 이용 방식에는 맞지 않거나 그러한 방식으로 이용당하고 싶어하지 않는 사람들의 자연스러운 도착지이며, 생존은 인간이 집단을 이루면 벌일 수밖에 없는 게임의 이름이며, 생존에 걸린 궁극적인 판돈은 타인보다 오래 살아남기라는 것들을 들려주고 있는 것이다. 우리는 우리가 보는 것에 매혹되어버린다 — 마치 달리Salvador Dali나 데 키리코Giorgio De Chirico가 우리 내면 깊숙이 숨겨진 잠재의식 속의 환상과 공포를 드러내기 위해 애쓰면서 그들의 화폭이 우리를 매혹하기를 바란 것처럼 말이다.

오웰이 기술한 과거의 빅브라더는 포드주의 공장들과 군대 막사들과 다른 수많은 크고 작은 (벤덤$^{Jeremy\ Bentham}$/푸코$^{Michel\ Foucault}$가 묘사한 종류의) 파놉티콘들을 지배했다 — 그리고 그의 유일한 바람은 우리 조상들이 밖으로 나가지 못하게 하고 길 잃은 양을 무리로 돌려보내는 것뿐이었다. 텔레비전에서 방영하는 '리얼리티 쇼'의 빅브라더는 자투리 인간들 — 적합하지 않거나 다른 사람들보다 덜 적합한, 덜 영리하거나 덜 열성적인, 능력이나 자원이 덜 풍부한 — 을 내쫓는 데에만 열중한다. 그리고 한번 쫓겨나면 영원히 쫓겨나게 된다.

옛날의 빅브라더는 **포함** — 사람들을 대열에 정렬시키고 그곳에서 벗어나지 않도록 하는 통합 — 하는 데 열중했다. 오늘날의 새로운 빅브라더의 관심은 **배제** — 그들이 있는 자리에 '어울리지 않는' 사람들을 골라내, 거기서 쫓아내면서 '그들에게 어울리는 곳'으로 추방하거나 (더욱 바람직한 것은) 아예 처음부터 근처에도 오지 못하게 하는 것 — 이다. 새로운 빅브라더는 이민국 관리들에게 입국 불허자 명단을 제공하고, 은행가들에게 신용 있는 회사에 취직해서는 안 되는 사람들의 명단을 제공한다. 그는 경비원들에게 관문 앞에서 정지시켜서 관문으로 보호되는 공동체에 들어오지 못하도록 막아야 할 사람들이 누구인지 지시한다. 그는 늘상 창문 너머로 이웃을 지켜보는 사람들에게 좀도둑이나 부랑자로

의심되는 사람들 — 제자리에 있지 않은 이방인들 — 을 찾아내 쫓아버리도록 격려한다. 그리고 주택 소유자들에게는 CCTV를 제공해 원치 않는 사람들을 대문 가까이 오지 못하게 한다. 그는 모든 경비원들 — 나이트클럽에서 일하든 한 나라의 내무부에서 일하든 — 의 수호성인이다.

물론 구식 빅브라더는 사망했다는 뉴스는, 트웨인(Mark Twain)의 유명한 지적대로, 지나치게 과장된 것이었다. 옛날의 빅브라더와 새로운 빅브라더는 공항의 여권 심사대에 나란히 앉아 있다. 다만 새로운 빅브라더는 입국자들의 여행 서류를 꼼꼼히 검사하는 반면 옛날의 빅브라더는 출국자들의 여행 서류를 다소 형식적으로 검사한다는 것이 다를 뿐이다.

옛날의 빅브라더는 아직 살아 있고 이전 어느 때보다 더 큰 능력을 갖추고 있다 — 그러나 그는 이제 주로 출입 제한 구역, 즉 도시의 게토나 난민 캠프나 감옥 같은 주변화된 사회 공간에서 발견된다. 그곳에는 사람들을 내부에 머물러 있게 하고 그들이 대열 밖으로 이탈할 때마다 다시 대열로 불러들이는 옛날의 일이 남아 있다. 백 년 전에도 그랬듯이 이 빅브라더는 온갖 종류의 간수들의 수호성인이다 — 이것은 중요한 역할이라고 할 수 있다. 이 역할은 각광받으며 널리 광고되고 있기 때문에 흔히 실제보다 더 중요한 것으로 알려지기도 한다. 그러나 이 역할은 이제 새로운 형태의 빅브라더가 맡은 역할에 비하면 이차적이고 파생적이고 보충적인 역할일 뿐이다. 옛날의 빅브라더의 진정한 임무는 새로운 빅브라더의 임무를 조금 더 쉽게 만들어주는 데 있다. 이 두 형제는 '내부'와 '외부' 사이에 있는 경계선을 순찰하고 관리한다. 그들은 경계 지역의 민감성, 침투성, 취약성에 따라 각자 책임지는 범위를 나누어 공동의 활동을 훌륭히 수행하고 있다.

이들은 함께 사회 영역 전체를 관할하고 있다. 당신은 단지 한 빅브라더의 지배 영역에서 다른 빅브라더의 영토로 옮겨갈 수 있을 뿐이다 — 그리고 옛날 빅브라더의 임무 중의 하나는 그의 동생이 기울이는 짜증나고 불쾌한 관심을 구원의 은총, 생명을 구하는 활동, 안전하고 행복한 삶의 보장으로 여기도록 만드는 것이다. 형의 비인간적 잔인성은 동생의 악마적인 중복성을 지탱해준다. 그것은 우리가 날마다 살면서 직조해내는 세계, 그리고 우리의 삶을 직조해내고 있는 세계가 제공하는 유일한 선택이 대열에 정렬하느냐 폐기되느냐 사이의 선택 — 의무적 포함과 강제적 배제의 게임을 공동으로 관장하는 두 빅브라더 중 누구의 감시를 받느냐의 선택 — 인 한 어쩔 수 없는 것이다.

20세기 내내 우리 조상들은 빅브라더의 가공할 권력에 맞서 싸우며 담장과 철조망으로 둘러싸인 울타리와 감시탑을 무너뜨리기 위해 투쟁하면서 선택의 시간이 스스로 선택한 길을 따라 걸어가는 꿈을 꾸었다. 그들의 꿈은 상당 부분 실현되었으며, 그들의 자손들은 그들을 감시하던 빅브라더를 그들이 걷는 길에서 멀리 떨어뜨려 놓은 것처럼 보인다 — 하지만 결국은 단지 두번째 빅브라더의 감시의 눈길 아래 놓이게 되었을 뿐이다. 새로운 세기의 문턱에서 그들의 자손인 우리가 해답을 찾아야 할 중대한 문제는 인류에게 주어진 유일한 선택이 두 빅브라더 중 하나를 선택하는 것뿐인가 하는 질문이다. 즉 포함/배제의 게임이 공통의 인간 생활을 영위하는 유일한 방식인지, 그리고 그러한 게임이 우리가 공유하는 세계가 결과적으로 취하게 될 — 부여받을 — 것이라 생각할 수 있는 유일한 형태인지 하는 질문이 그것이다.

주

서론

1) Italo Calvin, *Le città invisibili*(Einaudi, 1972). 이하 『보이지 않는 도시들』 인용은 이현경 역, 민음사, 2007에 따르기로 하고 인용문 뒤에 페이지만 표시하기로 한다(옮긴이).

2) Ivan Klima, *Láska a Smeti*(1986). 여기서는 Ewald Osers가 번역한 『*Love and Garbage*』(Vintage, 2002), pp. 15~16에서 인용했다.

1 태초에 설계가 있었다: 질서 구축 과정이 만들어낸 쓰레기

1) Franz Kafka, "Fellowship", in *The Collected Short Stories of Franz Kafka*, trans. Tania Stern and James Stern(Penquin, 1983)의 제사(題詞).

2) John Carvel, "Depression on the rise among young", *Guardian*, 27 Nov. 2002 참조.

3) Siegfried Kracauer, "The group as bearer of ideas", in *Das Ornament der Masse*(1963). 여기서는 Thomas Y. Levin, *The Mass Ornament: Weimar Essays*(Harvard University Press, 1995), p. 143에서 인용했다

4) "Travel and dance", in *The Mass Ornament*, pp. 68~69.

5) Danièle Linhart, Barbara Rist and Estelle Durand, *Perte d'emploi, perte de soi*(Loss of work, loss of self)(Erès, 2002).

6) Danièle Linhart, "Travail émietté, citoyens déboussolés", *Manière de Voir 66*(Nov.~Dec. 2002), pp. 10~13.

7) 영국의 시인 새뮤얼 버틀러의 작품으로 1872년에 출판되었다. 19세기 영국의 사회 제도를 풍자하는 일종의 역유토피아 소설이다. 식민지의 양치기인 주인공은 높은 산맥을 넘어서 저쪽에 있는 미지의 나라 에레혼(nowhere, "어디에도 없다"의 역(逆))에 도달한다. 거기서는 모든 것이 영국과는 반대

이다. 질병은 죄악으로 처벌을 받으나 죄인은 병자로서 따뜻한 치료를 받는다. 몇백 년 전에 기계파(機械派)와 반기계파가 내란을 일으켜 결국 후자가 이겼기 때문에 기계는 가장 보기 싫은 것으로서 증오의 대상이 된다. 교회는 세상에 통용되지 않는 돈을 발행하는 음악 은행, 대학은 불합리학원(College of Unreason)으로 불린다. 결말에서 주인공은 이 나라 여성과 사랑을 하여 함께 기구(氣球)를 타고 탈출한다. 속편으로『에레혼 재방문*Erewhon Revisited*』(1901)이 있다(옮긴이).

8) Samuel Butler, *Erewhon*(Prometheus Books, 1998), p. 94.

9) "Funes, his memory", in Jorge Luis Borges, *Collected fictions*, trans. Andrew Hurley(Penguin, 1998), pp. 129~137. 이하「기억의 천재 푸네스」인용은 보르헤스 전집 2『픽션들』, 황병하 역, 민음사, 1994에 따르기로 하고 인용문 뒤에 페이지만 표시하기로 한다(옮긴이).

10) Milan Kundera, *Ignorance*, trans. Linda Asher(Faber, 2002), pp. 123~124. 한글판으로는『향수』, 박성찬 역, 민음사, 2000, 128쪽(옮긴이).

11) "On exactitude in science", in Borges, *Collected fictions*, p. 325. 이하「과학에 대한 열정」인용은 보르헤스 전집 4『칼잡이들의 이야기』, 황병하 역, 민음사, 1997에 따르기로 하고 인용문 뒤에 페이지만 표시하기로 한다(옮긴이).

12) Mary Douglas, *Purity and Danger: An Analysis of Concepts of Pollutions and Taboo*(Penguin, 1970), p. 12.

13) Ibid., p. 49.

14) Kracauer, *The Mass Ornament*, p. 161.

15) Douglas, *Purity and Danger*, pp. 12 and 48.

16) Lewis Mumford, *The City in History: Its Origins, its Transformations, and its Prospects*(New York, 1961), pp. 450~451.

17) Edmund R. Leach, "Magical hair", in *Myth and Cosmos: Readings in Mythology and Symbolism*, ed. John Middleton(Natural History Press, 1967), pp. 77~108을 보라.

18) Tzvetan Todorov, *Devoirs et délices. Une vie de passeur*(interviews with Catherine Portevin)(Seuil, 2002), p. 304.

19) Tim Jordan, "Technopower and its cyberfutures", in *Living with Cyberspace: Technology and Society in the Twenty-first Century*, ed. John Armitage and Joanne Roberts(Continuum, 2002), p. 125.

20) Geoffrey Bennington, *Interrupting Derrida*(Routledge, 2000), p. 164.

21) 카프카의 단편 「가장의 근심」에 등장하는 수수께끼의 생명체. 인간에게 아무런 해도 입히지 않지만 화자는 오드라데크가 죽지 않는다는 사실 때문에 고통스러워한다. 프란츠 카프카, 이주동 역, 「가장의 근심」, 카프카 전집 1 『변신』, 솔, 1997(옮긴이).

22) Giorgio Agamben, *Homo sacer. Il potere sovrano e la nuda vita*(1995). 이하 『호모 사케르』 인용은 박진우 역, 새물결, 2008에 따르기로 하고 인용문 뒤에 페이지만 표시하기로 한다(옮긴이).

23) Giorgio Agamben, *Mezzi senza fine*(1996), 여기의 인용은 Vincenzo Binetti and Cesare Casarino's translation, *Means without Ends*(University of Minnesota Press, 2000), pp. 67~68.

2 '그들'이 너무 많은가?: 경제 발전이 만들어낸 쓰레기

1) *Report of the TUC*(1883), p. 39.

2) J. B. Jefreys, *Labour's Formative Years*(Lawrence and Wishart, 1948).

3) Jacques Donzelot, Catherine Mével, Anne Wyveknes, "De la fabrique sociale aux violences urbaines", *Esprit*(Dec. 2002), pp. 13~34를 참조.

4) David Maybury-Lewis, "Genocide against indigenous peoples", in *Annihilating Difference: The Anthropology of Genocide*, ed. Alexander Laban Hinton(University of California Press, 2002), pp. 43~53을 참조.

5) Herman Merivale, *Lectures on Colonization and Colonies*(Green, Longman and Roberts, 1861), p. 541에서 인용.

6) Theodore Roosevelt, *The Winning of the West: From the Alleghenies to the Mississipi, 1769~1776*(G. P. Putnam, 1889), p. 90.

7) Alfredo M. Serres Güliraldes, *La Estrategia de General Roca*(Pleamar, 1979), pp. 377~8, quoted in Merivale, *Lectures*에 따름.

8) Chris McGreal, "Bedouin feel the squeeze as Israel resettles the Negev

desert", *Guardian*, 27 Feb. 2003, p. 19를 참조.

9) Stefan Czarnowski, "Ludzie zbędni w służbie przemocy"(Redundant people in the service of violence)(1935), in *Dziela*, vol. 2(PWN, 1956), pp. 186~93.

10) Hauke Brunkhorst, "Global society as the crisis of democracy", in *The Transformation of Modernity: Aspects of the Past, Present and Future of an Era*, ed. Mikael Carleheden and Michael Hviid Jacobsen(Ashgate, 2001), p. 233.

11) Richard Rorty, "Failed prophecies, glorious hopes", in *Philosophy and Social Hope*(Penguin, 1999), p. 203.

12) Mikhail Bakhtin, *Ravelais and his World*(MIT Press, 1968), 1965년 러시아어판으로부터 번역함. 그리고 "Fear and democracy: an essay on Bakhtin's theory of carnival", *Associations 1*(1997), pp. 209~234에 실린 Ken Hirschkop의 적절한 요약.

13) "The Burrow", in *The Collected Short Stories of Franz Kafka*, ed. Naum N. Glatzer(Penguin, 1998), pp. 325~359.

14) Siegfried Kracauer, "Franz Kafka: on his posthumous works", in *Das Ornament der Masse*(1963), 여기서는 Thomas Y. Levin's translation, *The Mass Ornament: Weimar Essays*(Harvard University Press, 1995, p. 268)에서 인용.

15) Robert Castel, *Métamorphoses de la question sociale. Une chronique du salariat*(Fayard, 1995).

16) Ulrich Beck, *Risiko Gesellschaft. Auf dem Weg in einere andere Moderne*(Suhrkamp, 1986), 한글판으로는 『위험사회』, 홍성태 역, 새물결, 2006, 223~224쪽(옮긴이).

17) Anna More, "Raising a false alarm", *Observer Magazine*, 26 Jan. 2003, pp. 85~86.

18) Stephen Castles, "Towards a sociology of forced migrations and social transformation", *Sociology 1*(2003), pp. 13~34.

19) Philippe Robert and Laurent Mucchielli, *Crime et insécurité. L'état de savoirs*(La Découverte, 2002). 또한 "Une généalogie de l'insécurité contemporaine. Entretien avec Philippe Robert", *Esprit*(Dec. 2002), pp. 35

~58.

20) Hans-Jörg Albrecht, "Immigration, crime and safety", in *Crime and Insecurity: The Governance of Safety in Europe*, ed. Adam Crawford(Willan, 2002), pp. 159~185.

21) Adam Crawford, "The governance of crime and insecurity in an anxious age: the trans-European and the local", in ibid., p. 32.

22) Leon Zedner, "The pursuit of security", in *Crime, Risk and Insecurity*, ed. T. Hope and R. Sparks(Routledge, 2000), p. 201.

23) A가 B 앞에 (혹은 B와 동시에) 오는 것이 A와 B가 인과관계라는 것을 증명하지는 않는다는 의미.

24) Jelle van Buuren, "Le droit d'asile refoulé à la frontière", *Manière de Voir*, Mar.~Apr. 2002, pp. 76~80.

25) Rachel Shabi, "The e-waste land", *Guardian Weekend*, 30 Nov. 2002, pp. 36~39.

26) Naomi Klein, "Fortress continents", *Guardian*, 16 Jan. 2003, p. 23. 이 기사는 『네이션』에 처음 실렸다.

3 각각의 쓰레기는 각각의 처리장으로: 지구화가 만들어낸 쓰레기

1) François de Bernard, *La Pauvreté durable*(Felin, 2002), pp. 37~9.

2) Richard Rorty, "Globalization, the politics of identity and social hope", in *Philosophy and Social Hope*(Penguin, 1999), pp. 229~239.

3) "Des Königs viele Lieber. Die Selbstdekonstruktion der Hierarchie des Rechts", *Soziale Systeme 2*(1996); E.-W. Böckenförde, *Staat, Verfassung, Demokratie*(Suhrkamp, 1991).

4) Hauke Brunkhorst, "Global society as the crisis of democracy", in *The Transformation of Modernity*(Ashgate, 2001), p. 236.

5) Zygmunt Bauman, *Society under Siege*(Polity, 2002).

6) Stewart Hall, "Out of a clear blue sky", *Soundings*(winter 2001~2), pp. 9~15.

7) David Garland, *The Culture of Control: Crime and Social Order in*

Contemporary Society(Oxford University Press, 2001), p. 175.

8) Loïc Wacquant, "Comment la 'tolérance zéro' vint à l'Europe", *Manière de Voir*(Mar.~Apr. 2001), pp. 38~46.

9) Peter Andreas and Timothy Snyder, *The Wall around the West*(Rowman and Littlefield, 2000).

10) Ulf Hedetoft, *The Global Turn: National Encounters with the World*(Aalborg University Press, 2003), pp. 151~152.

11) Rosa Luxemburg, *The Accumulation of Capital*, trans. Agnes Schwarzschild(Routledge, 1961), pp. 387, 416.

12) 걸프전 당시 "사담이 공격용 헬리콥터로 이라크 쿠르드족을 공격하자 그들은 북쪽 산맥을 넘어 터키로 달아났다. 그러나 터키인들은 그들의 입국을 불허했다. 터키인들은 물리력을 사용해 그들을 국경 통제소로부터 쫓아냈다. 나는 터키군 장교 한 명이 '우리는 이 사람들을 증오한다. 그들은 좆같은 돼지들이다'라고 말하는 것을 들었다. 결국 쿠르드인들은 몇 주 동안 영하 10도의 산 속에 갇혀 있었다. 어린이들이 가장 심하게 고생했다. 이질, 장티푸스, 영양실조……." Maggie O'Kane, "The most pitiful sights I have ever seen", *Guardian*, 14 Feb. 2003, pp. 6~11.

13) Garry Younge, "A world full of strangers", *Soundings*(winter 2001~2), pp. 18~22.

14) Alan Travis, "Treatment of asylum seekers 'is inhumane'", *Guardian*, 11 Feb. 2003, p. 7.

15) Alan Travis, "Blunkett to fight asylum ruling", *Guardian*, 20 Feb. 2003, p. 2.

16) Michel Agier, *Aux bords du monde, les réfugiés*(Flammarion, 2002), pp. 55~56.

17) Ibid., p. 86.

18) Ibid., p. 94.

19) Ibid., p. 117.

20) Ibid., p. 120.

21) Sharon Stanton Russell, "Refugees: risks and challenges worldwide", *Migration Information Source*, 26 Nov. 2002를 참조.

22) Fabienine Rose Émilie le Houerou, "Camps de la soif au Soudan", *Le Monde Diplomatique*, May 2003, p. 28.

23) Loïc Wacquant, "Urban outcasts: stigma and division in the black American ghetto and the French urban periphery", *International Journal of Urban and Regional Research 3*(1993), pp. 365~383; "A black city within the white: revising America's black ghetto", *Black Renaissance*(fall/winter 1998), pp. 142~151.

24) Loïc Wacquant, "Deadly symbiosis: when ghetto and prison meet and mesh", *Punishment and Society 1*(2002), pp. 95~134.

25) Jerome G. Miller, *Search and Destroy: African-American Males in the Criminal Justice System*(Cambridge University Press, 1997), p. 101.

26) Wacquant, "Deadly symbiosis".

27) "Une gènèalogie de l'insécurité contemporaine", entretien avec Philippe Robert, *Esprit*(Dec. 2002), pp. 35~58.

28) Hughes Lagrange and Thierry Pech, "Délinquance: les rendezvous de l'ètat social", *Esprit*(Dec. 2002), pp. 71~85.

29) Wacquant, "Comment la 'tolérance zéro' vint à l'Europe", p. 40.

30) Henry A. Giroux, "Global capitalism and the return of the garrison state", *Arena Journal 19*(2002), pp. 141~160.

31) Garland, *The Culture of Control*, pp. 177~178.

32) Ibid., p. 180.

33) Ibid., pp. 184~185.

34) Ibid., p. 178.

4 쓰레기 문화

1) Jorge Luis Borges, *Collected Fictions*, trans. Andrew Hurley(Penguin, 1998), pp. 183~195. 한글판으로는 「죽지 않는 사람들」, 보르헤스 전집 3 『알렙』, 황병하 역, 민음사, 1996, 27~28쪽(옮긴이).

2) Hans Jonas, "The burden and blessing of mortality", *Hasting Center Report 1*(1992), pp. 34~40.

3) Ernest Becker, *The Denial of Death*(Free Press, 1973), p. 7.

4) Ibid., pp. 7, 4, 5.

5) The chapter "Diversions" in *Pensées*, trans. A. J. Krailsheimer(Penguin, 1966), pp. 66~72.

6) Max Scheler, *Tod und Fortleben*, 여기의 인용은 폴란드어판, translation by Adam Wegrzechi, *Cierpienie, Smierc, Dalsze Zycie*(PWN, 1993).

7) George Steiner, *Errata: An Examined Life*(Phoenix, 1998), p. 85.

8) *The Brothers Karamazov*, 1970년판으로부터 필자가 직접 옮김(Karelskoe Knizhnoe Izdatelstvo, Petrozavodsk), pp. 78ff, 636, 702~703.

9) Larry Jay Young, *Diminished Being*(Oslo University College, 2002), pp. 159ff.

10) 이곳과 이하의 인용은 Conal Walsh, "Fallen idols of the free market", *Observer*, 26 July 2002, pp. 8~9.

11) 이곳과 이하에서 인용된 기사는 Erik Baard, *Village Voice*, 22~8 Jan. 2003, *Guardian*, 8 Feb. 2003에서 재인용.

12) Oliver Burkman, "My dad is a living deterrent ……", *Guardian*, 21 Mar. 2001.

13) Richard Sennett, *The Corrosion of Character*(Norton, 1998), p. 25.

14) John Kotter, *The New Rules*(Dutton, 1995), p. 159.

15) Ben Summerskill and Tom Reilly의 보도, *Observer*, 19 Jan. 2003, p. 13.

16) Frédéric F. Clairmont, "Vivre à crédit ou le credo de la première puissance du monde", *Le Monde Diplomatique*, Apr. 2003, pp. 20~21.

17) Michelle Ogundehin, "California dreams", *Observer Magazine*, 12 Jan. 2003, pp. 36~37.

18) Caroline Roux, "To die for", *Guardian Weekend*, 1 Feb. 2003.

19) Peter Paphides, "Seven inches of heaven", *Guardian Weekend*, 16 Nov. 2002, pp. 54ff.

20) 나의 책 *Society under Siege*(Polity, 2002), ch. 4를 보라.

21) Alberto Melucci, *The Playing Self: Person and Meaning in the Planetary Society*(Cambridge University Press, 1996), pp. 43ff. 이것은 1991년에 *Il*

*giocvo dell'io*라는 제목으로 발간된 이탈리아어 원서의 확장판이다.

22) Randeep Ramesh, "The two faces of Rumsfeld", *Guardian*, 9 May 2003, p. 1.

23) Yves Michaud, *L'art à l'état gazeux. Essai sur la triomphe de l'esthétique* (Stock, 2003), pp. 7, 9, 77, 120~121.

24) S. Daney, *La salaire du zappeur*(POL, 1993), p. 12.

25) Sigmund Freud, *Civilization, Society and Religion*, vol. 12 of The Pelican Freud Library(Penguin, 1991), pp. 271, 281, 282.

26) 이곳과 이하의 인용은, Hugh Wilson, "This year's love", *Observer Magazine*, 10 Nov. 2002, pp. 74~75.

27) Ray Pahl, *On Friendship*(Polity, 2000).

28) Anushka Asthana, "I have only three minutes to get to know the love of my life", *Observer*, 26 jan. 2003, p. 9.

29) Emma Taylor and Lorelei Sharkey, "Personal ads are for lonely hearts", *Guardian Weekend*, 19 Apr. 2003, p. 50.

30) Barbara Ellen, "Being in a relationship is like being at the office……", *Observer Magazine*, 20 Apr. 2003, p. 7.

31) Oliver James, "Constant craving", *Observer Magazine*, 19 Jan. 2003, p. 71.

32) "Taking a stand", *Observer Magazine*, 19 Jan. 2003, p. 73.

33) Richard Sennett, "Flexibilité sur la ville", *Manière de Voir*(Nov.~Dec. 2002), pp. 59~63.

34) Charles Handy, *The Elephant and the Flea*(Hutchinson, 2001), p. 204.

35) Andy Hargreaves, *Teaching in the Knowledge Society: Education in the Age of Insecurity*(Open University Press, 2003), p. 25.

36) Clifford Stoll, *Silicon Snakeoil*(Doubleday, 1995), p. 58.

37) Stjepan Mestrovič, *Postemotional Society*(Sage, 1997).

옮긴이 후기

쓰레기가 되는 삶들
모더니티와 그 추방자들

 '대졸 실업', '이태백', '88만원 세대', '명퇴', '사오정' 같은 음울한 단어가 현재 한국 사회를 상징하는 언어로 자리매김하고 있다. 그런데 이런 상황이 일시적이거나 예외적이 아니라는 데 문제의 심각성이 있다.

 이 책은 현대를 사는 사람들이 어떻게 쓰레기로 변하는지를 명쾌한 논리로 분석하고 있다. 바우만에 따르면 '쓰레기가 되는 삶들' 또는 '버려진 인간들'은 생산의 현대화가 낳은 불가피한 산물이자 현대성에 불가분하게 수반되는 현상이다. 정치질서 수립 과정에서 배제되거나, 경제 진보 과정에서 초래되는 불가피한 부작용이라는 것이다. 전지구적인 불균등 복합발전의 결과 이제 '쓰레기가 되는 삶들'을 처리하는 산업은 심각한 위기를 맞게 되었다. 국가는 전지구적인 경제 구조 재구조화 과정에 무기력하다. 국가는 시장 경쟁으로부터 야기되는 삶의 취약성과 불확실성을 사적인 문제 또는 개인적인 문제로 돌린다. 복지 국가福祉國家나 사회 국가社會國家는 이제 개인 안전個人安全을 강조하는 방향으로 역할을 선회한다. 이민의 나라, 자유의 나라 미국은 이제 요새 국가要塞國家가 되었다. 한국은 어떠한가? 각자 자기 집 주변에 국경을 쌓고 요새 가정要塞家庭을 구축하고 있다. '우리'와 '그들'을 나누는 경계선은 한층 뚜렷하고 날카로워져서 이제 누구도 그 사이에 자리하기 어렵다. 과거의 빅브라더는 국민들을 포함시키고 정렬하며 통합시키는 데 열중했다. 내부 감시에 관심이 있었다. 이제 새로운 빅브라더는 누구를 포함시키고 누구를 배제할 것인지에 관심을 가진다. 신구 빅브라더가 손잡고 내부와 외부를 나누는 경계선을 순찰하고 관리한다.

바우만은 1925년 폴란드 유대계 가정에서 태어났다. 1968년 공산당이 주도한 반유대 캠페인 절정기에 바르샤바대학 교수직을 잃고 조국을 떠났다. 이스라엘 텔아비브 대학에서 잠시 가르치다가 영국 리즈대학으로 옮겼다. 1971년 이래 영국에 거주하며 활발한 학문 활동을 벌이고 있다. 폴란드와 영국에서 50여 권의 책을 출간했으며, 100편이 넘는 논문을 발표했다. 그의 저서 『자유』와 『지구화, 야누스의 두 얼굴』이 한국어로 옮겨진바 있다.

2000년 『*Liquid Modernity*』를 출간한 이후 『*Liquid Love*』(2003), 『*Liquid Life*』(2005), 『*Liquid Fear*』(2006), 『*Liquid Times*』(2006) 시리즈를 포함하여 왕성한 저작 활동을 보여주고 있다. 작년에는 『*Consuming Life*』를, 올해에도 벌써 『*Does Ethics Have a World of Consumers?*』와 『*The Art of Life*』라는 두 권의 책을 더 출간했다.

『쓰레기가 되는 삶들: 모더니티와 그 추방자들』은 2004년에 출간되었다. 역자는 이 책이 아직 출간되기 전인 2003년에 갤리 형식으로 된 이 책을 접했다. 현대 사회에 대한 바우만의 깊은 통찰력과 사려 깊은 문체에 매료되어 번역을 시작했다. 복잡한 전지구적 사회 현상을 종횡무진 가로지르면서 엮어내는 그의 사상은 현란하면서도 명료했다. 그렇지만 막상 번역 작업은 쉽지 않았다. 바우만 사고의 깊이와 넓이 그리고 흐름의 유연함을 따라잡기는 거의 불가능해 보였다.

오래 기다려주고 또 문장을 다듬어준 새물결 출판사에 감사한다.

2008년 8월 6일
안암에서
정일준